Von Gott in bunten Farben reden

Quicklebendige Gottesdienste
für Leute von 0 bis 99

Herausgegeben von Claudia Filker
unter Mitarbeit von Dorothee Döbler

W0196650

ℝⅅ

R. BROCKHAUS VERLAG WUPPERTAL

ABCteam-Bücher erscheinen in folgenden Verlagen:

Aussaat Verlag Neukirchen-Vluyn
R. Brockhaus Verlag Wuppertal
Brunnen Verlag Gießen und Basel
Christliches Verlagshaus Stuttgart
Oncken Verlag Wuppertal und Kassel

© 1997 R. Brockhaus Verlag Wuppertal
Umschlag und Innenzeichnungen: Dietmar Reichert, Dormagen
Textzeichnungen S. 87, 108, 109, 116, 146, 158, 161, 162, 190, 194 Judith
Filker, Berlin; S. 175 Armin Jans, Hemmingen
Gesamtherstellung: Breklumer Druckerei Manfred Siegel KG
ISBN 3-417-11121-8
Bestell-Nr. 111 121

INHALTSVERZEICHNIS

Die besondere Aktion

Kurzgottesdienste mit kleinen Kindern

Einführung

Wenn Sie einladen wollen:

- Die junge allein erziehende Mutter in Ihrem Mutter-Kind-Kreis, die schon lange aus der Kirche ausgetreten ist;
- die neuen Nachbarn, die vor einiger Zeit mit Nachwuchs in die Wohnung neben Ihnen gezogen sind und mit denen Sie schon einen netten Abend verbracht haben;
- die Kindergartenkinder und ihre Eltern,
- Frau M., mit der Sie vorgestern ganz unverhofft beim Einkauf zwischen den Regalen ein Gespräch über Gott und die Welt hatten, während ihr Jüngster fast aus dem Einkaufswagen gehüpft wäre ...

Ja, wenn Sie alle diese großen und kleinen Menschen begeistert und unbefangen in Ihren sonntäglichen Gemeindegottesdienst einladen können, dann brauchen Sie nicht weiter in diesem Materialbuch zu blättern. Herzlichen Glückwunsch, wenn Sie in Ihrer Gemeinde solche Gottesdienste feiern, in denen Menschen, die dem christlichen Glauben distanziert und entfremdet gegenüberstehen, Lieder und Musik, Ansprache und Umrahmung des Gottesdienstes in ihrer Sprache und ihrem Stil erleben - und die Kinder auch ihren Platz haben, selbst wenn das einmal der Schoß des Predigers oder die Altarstufen sind.

Ganz so ist es bei Ihnen in der Gemeinde nicht?

Dann haben Sie sich mit diesem Buch viel Arbeit gespart ...

Mit diesem Buch in der Hand und einigen engagierten Mitarbeitern aus Ihrer Gemeinde an Ihrer Seite bekommen Sie in diesem Materialbuch eine Fülle ausgearbeiteter, erprobter Gottesdienstentwürfe. Diese dürfen Sie übernehmen, verändern oder kürzen - also auf Ihre Gemeindesituation zuschneiden. Oder Sie machen etwas völlig Neues, weil Ihnen beim Lesen eines Modells plötzlich so gute eigene Ideen gekommen sind.

Warum »besondere« Gottesdienste?

Mitarbeiter aus verschiedenen Kirchengemeinden, landeskirchlichen Gemeinschaften und Freikirchen haben ihre Entwürfe zur Verfügung gestellt. Sie kommen aus der Großstadt Berlin, aus Holstein, aus Sachsen, aus einer Kleinstadt im Oberbergischen, aus Süddeutschland und anderen Regionen Deutschlands. Allen gemeinsam war der Wunsch, in ihren Gemeinden und Gemeinschaften in einer gewissen Regelmäßigkeit Gottesdienste zu feiern, die in Form und Inhalt so gestaltet sind, dass kirchenferne Besucher (Erwachsene und Kinder) eingeladen werden.

Mal werden sie der »Etwas andere Gottesdienst« genannt, anderswo »Besonderer Gottesdienst« oder »Gottesdienst mal etwas anders«.

Treibende Kraft aller Bemühungen um offene Gottesdienstformen ist die Liebe zu den Menschen, die Gott (noch nicht) kennen, Erwachsene wie Kinder. Es geht nicht darum, dass uns anschließend jemand auf die Schulter klopft und bescheinigt, »endlich ein wenig Schwung in den alten Laden gebracht zu haben«, oder zu hören: »Ach wie schön, dass Kirche was Neues ausprobiert.«

Ziel der Gottesdienste ist es, Menschen erfahrbar zu machen, dass Gott ihnen auf die Schulter klopft und zusagt: »Du, Mensch, gehörst zu mir.« Deshalb gibt es in fast allen Entwürfen neben den Aktionen und Liedern für die Kinder auch bewusst Spielszenen, Kurzpredigten und Lieder, die *Erwachsene* ansprechen.

Wer kommt?

Besondere Zielgruppe sind junge Familien mit ihren Kindern. Kinder sind in allen Gottesdienstentwürfen fest eingeplant - wenn auch nicht immer im Zentrum des Geschehens. Einige Gottesdienste sind so konzipiert, dass die Kinder während der Predigt ein eigenes Angebot außerhalb des Gottesdienstraumes haben. Jedoch ist unbedingt darauf zu achten, dass Eltern (oft kommen Mütter mit ihren Kindern auch allein) mit ihren kleinen Kindern während dieser Zeit im Gottesdienst willkommen bleiben. Angesprochen werden also Menschen, die sich auf diese Mischung aus kindgerechtem Gottesdienst und elementarer Verkündigung für Erwachsene einlassen.

Erklärung der Symbole:

Für eine veranschaulichende Gliederung ist jeder Gottesdienstablauf durchnummeriert und mit Symbolen versehen.

 Begrüßung/Moderation

In diesem Buch wurde um der besseren Lesbarkeit willen in der Regel die männliche Form gewählt. Gerade die »Besonderen Gottesdienste« bieten für Gemeinden eine gute Chance, Mitarbeiter und Mitarbeiterinnen nach ihren Gaben und nicht nach ihrem Geschlecht einzusetzen. Auf eine gute Mischung aus männlichen und weiblichen Beteiligten bei der Durchführung eines Gottesdienstes sollte geachtet werden.

Ein Moderator oder eine Moderatorin begrüßt locker-freundlich die Gäste. Besonders die Begrüßung als Moderations-Element muss gut vorbereitet und natürlich auswendig gesprochen werden. Ein besonderes Wort an die Kinder soll ihnen und ihren Eltern zeigen, wie willkommen sie sind.

Im weiteren Verlauf des Gottesdienstes baut der Moderator Brücken zwischen den einzelnen Gottesdienst-Elementen. Alle Moderationstexte sollen gut bedacht sein, weil man beim unvorbereiteten Sprechen schnell in eine kirchliche Insidersprache fällt.

 Lied/Musik

Vortragslieder, Kinderlieder, Lieder für Erwachsene usw. werden mit diesem Symbol angezeigt. Sie können natürlich auch als Vortragslieder zur Gitarre (Akkordangaben) gesungen werden. Alle Lieder sind flott zu singen. Wer einen Schlagzeuger hat, lasse sich begleiten, wer nicht, kann zumindest den Refrain von der Gemeinde mitsingen lassen oder an passender Stelle zum Mitklatschen auffordern. Erst beim stimmungsvollen Gesang der Gemeinde erfüllen die Lieder ihren eigentlichen Zweck: Gott zu ehren und Menschen zu erfreuen.

 *Aktion*

Viele Gottesdienstmodelle haben besondere Aktionen während des Gottesdienstes, in denen die Gottesdienstbesucher, insbesonders die Kinder, aktiv werden: kurze Verteilaktionen, Spiele, Gespräche zwischen Moderator und Kindern, kurze Bastelaktionen.

 Spielszene

Die meisten der vorgestellten Modelle schließen Spielszenen ein. Sie sind sehr unterschiedlich gestaltet: Biblische Geschichten werden szenisch vorgestellt, vorbereitete Interviews gehalten, Pantomime oder kurze Theaterstücke gespielt.

 Kurzpredigt/Predigtskizzen

Erste Zielgruppe der »Besonderen Gottesdienste« sind Menschen, die dem christlichen Glauben abwartend, skeptisch, neugierig, vielleicht auch offen gegenüberstehen, jedoch nicht als überzeugte Christen anzusprechen sind. Die Kurzpredigten und Predigtskizzen sind darauf ausgerichtet.

 *Gebet/Segen*

Gebet und Segen sind wesentliche Bestandteile eines Gottesdienstes und sollten selbstverständlich in einem »Besonderen Gottesdienst« nicht fehlen. Besonderes Augenmerk liegt dabei auf Einleitung der bzw. Hinführung zu den Gebets- und Segenstexten durch den Moderator oder einen anderen Mitarbeiter.

 *Kurzgottesdienste mit kleinen Kindern*

Seit einigen Jahren werden in vielen Gemeinden besondere Gottesdienste für die Kleinsten gefeiert. Sie heißen »Krabbel-Gottesdienste«, »Kleine-Kinder-Kirche«, »Gottesdienste für die Kleinsten« usw. In diesem Buch werden einige Modelle unter dem Titel »Kurzgottesdienste für die Kleinsten« vorgestellt.

Meist werden sie an einem Wochentag gefeiert und sind erheblich kürzer als sonntägliche Gemeindegottesdienste (nicht länger als 30 Minuten). Entstanden sind sie in der Regel auf dem Hintergrund der in den vergangenen Jahren stark aufblühenden Eltern-Kind-Arbeit. Eingeladen sind Kinder im Alter zwischen 1,5 bis 5 Jahren, die in Begleitung eines Erwachsenen kommen (Eltern, Großeltern ...).

Obwohl die Kurzgottesdienste für die Kleinsten anders gestaltet sind als die »Besonderen Gottesdienste« des ersten Teils, haben wir uns entschieden, sie als Anregung in diesem Materialbuch aufzunehmen. Im Zentrum der Kurzgottesdienste stehen die Kinder, die mit allen Sinnen begreifen, spüren, hören, sehen sollen, wer Gott für uns ist. Wenn es stimmt, dass nur die Glaubensaussagen für Kinder richtig sind, die auch im Erwachsenenleben noch tragen, kann gerade die elementare Verkündigung dieser Gottesdienste auch begleitende Erwachsene ansprechen.

Berlin, im Sommer 1997 Claudia Filker und Dorothee Döbler

1. Schritte wagen

Thema:
Wer im Vertrauen auf Gott mutige Schritte wagt, erlebt: Gott steht zu seinen Versprechen

Bibeltext:
Das Volk Israel zieht durch den Jordan: Josua 3,1-17

Vorbereitung/Materialien:
- Regal mit Schuhen und Kartons (Pkt. 9)
- Kieselsteine für viele Gottesdienstbesucher (Pkt. 12)
- Bunte Zettel in Form eines Fußabdrucks und Stifte (Pkt. 12)

Mitarbeiter:
- Moderator
- Prediger
- Josua
- Schuhverkäuferin

---

 1. Eingangsmusik

 2. Begrüßung

 **3. Lied**

»Singt, singt dem Herren neue Lieder« (Evangelisches Gesangbuch - EG)

 4. Psalm (Wechselgebet)

Wenn ich unter dem Schirm des Höchsten sitze
und unter dem Schatten des Allmächtigen bleibe,
dann weiß ich:

> Meine Zuversicht und meine Burg, das ist mein Gott.
> Auf dich hoffe ich.

Wenn ich mich vor der dunklen Nacht erschrecke oder Angst habe vor Krankheiten, dann weiß ich:

> Meine Zuversicht und meine Burg, das ist mein Gott.
> Auf dich hoffe ich.

Denn du hast deinen Engeln befohlen, dass sie mich behüten auf all meinen Wegen. Ich habe dich lieb, darum rettest du mich in Gefahren. Ich bete zu dir, darum beschützt du mich, wenn ich dich brauche. Du bist bei mir in der Not.

> Meine Zuversicht und meine Burg, das ist mein Gott.
> Auf dich hoffe ich.

Amen.   (Nach Psalm 91)

 5. Gebet

Guter Gott, danke für diesen neuen Tag.
Danke, dass wir heute Nacht ein warmes Bett zum Schlafen hatten.
Danke, dass du dir den Sonntag ausgedacht hast, an dem wir ausruhen können.
Heute ist kein Kindergarten, keine Schule und die meisten Erwachse-

nen müssen nicht zur Arbeit, das ist sehr schön.

Danke, dass du auch hier bist, wo wir sind. Wir können dich zwar nicht sehen, aber das macht ja nichts, denn wir wissen, du bist hier bei uns.

Wir wollen etwas Neues hören von dir, wollen für dich singen und hinterher noch einen wunderschönen Tag miteinander haben – und mit dir.

Amen.

 6. Lied

»Der bunte Käfer Fridolin« (aus: Mit Herzen und Händen)

Auch der kleine Käfer Fridolin wagt Schritte – wenn auch mit Zögern – aus seinem warmen Bett heraus.

 7. Aktion

Schuhladen-Besuch der Kinder

Die Kinder werden nach vorne gerufen und betrachten den aufgebauten »Schuhladen« (siehe Spielszene), in dem die unterschiedlichsten Schuhe zu kaufen sind. Im Besonderen wird mit den Kindern überlegt, welche Funktion die Schuhe haben, die in der Spielszene erwähnt werden: Anglerstiefel, Holzschuhe usw.

 8. Lied

»Ich sitze oder stehe« (aus: Lebenslieder - LL)

9. Spielszene

Josua beim Schuhkauf

Josua Ben Israel *betritt das Geschäft »Schritt-Macher«.*

Verkäuferin: Schalom, was kann ich für Sie tun?

Josua *(spricht sehr langsam und zögerlich):*
              Schalom, Josua Ben Israel mein Name. Ich suche …
              (schaut sich um). Wissen Sie, … ich habe einen
              schweren Weg vor mir …

Verkäuferin *(eifrig):*
              Ah, ich verstehe, da habe ich was für Sie: Schauen
              Sie, hier diese Holzschuhe sind für schweren Boden
              sehr geeignet.

Josua *(schaut sich die Schuhe nachdenklich an):*
              Mh ja, ich habe nicht schweren Boden gemeint. Der
              Weg ist nicht leicht, wissen Sie …

Verkäuferin: Ach so, natürlich: Für unwegsames Gelände neh-
              men Sie hier diese Wanderschuhe, die sind sogar
              steigeisenfest.

Josua *(wirkt zögernd):*
              Nun ja, die sehen sehr stabil aus, das stimmt schon,
              wie wasserfest sind sie denn?

Verkäuferin: Ach, das ist kein Problem, hier haben wir ein ganz
              hervorragendes Imprägnierspray, das hält schon eine
              ganze Menge Feuchtigkeit ab.

Josua: Aha, Imprägnierspray … und … wenn man so richtig
              im Wasser … steht? Wie lange hält das dicht?

Verkäuferin *(wundert sich):*
              Im Wasser? Na, da muss es aber noch ordentlich reg-
              nen, bis die Pfützen so tief sind, dass Sie mit dem
              ganzen Fuß darin stehen. Und dafür ist dieses Spray
              natürlich nicht gedacht.

16

Josua:	Ich dachte auch nicht an Pfützen, sondern ... na, ja an einen Fluss ...
Verkäuferin:	Ach so, Sie wollen tauchen gehen, sagen Sie das doch gleich. Da brauchen Sie natürlich diese stromlinienförmigen Schwimmflossen. Mit denen können Sie pfeilschnell durch das Wasser gleiten. Eine Taucherbrille kann ich Ihnen auch anbieten, schauen Sie ...
Josua *(immer noch sehr ruhig)*:	Danke, danke, aber ich glaube nicht, dass mir das hilft. Ich möchte nicht tauchen, sondern ... einen Fluss durchqueren.
Verkäuferin:	Na endlich, jetzt haben wir's. Schauen Sie sich diese fantastischen Gummistiefel an. Absolut dicht und rutschfest. Damit kommen Sie über jeden Bach, nicht wahr, das ist es, was Sie suchen?
Josua:	Bitte, nehmen Sie es mir nicht übel, diese Gummistiefel reichen ja nur bis ans Knie. Ich fürchte (sehr langsam), unser Fluss wird tiefer sein.
Verkäuferin:	Kein Problem, Herr Ben-Israel, kein Problem. Schauen Sie hier: Das ist es, was Sie suchen. Diese Anglerstiefel sind unübertroffen, die sind sogar hochseetauglich, hier steht es. Ja, auch für Hochseeangeln geeignet.
Josua *(dreht und wendet die Stiefel und denkt nach)*:	Ja ..., doch ..., vielleicht könnten die etwas sein.
Verkäuferin:	Bestimmt. Ganz bestimmt.
Josua:	Wie viele können Sie davon bis nächste Woche besorgen?
Verkäuferin:	Oh, diese Firma liefert schnell. Wie viele Paare brauchen Sie denn? (Dreht sich um und guckt in die Regale.) Drei Paar habe ich auch noch hier, und mit den Filialen kommen wir vielleicht schon auf zehn Paar, das müsste Ihnen schon fast reichen, nicht wahr?
Josua:	Ich will Sie nicht verärgern, aber leider reicht das bei weitem nicht.

Verkäuferin: Oh, Sie sind ein größerer Angelverein, ja?

Josua: Nein, wir sind kein Angelverein, wir ...

Verkäuferin *(fällt ihm eifrig ins Wort)*:
Ach natürlich, nächste Woche ist Volkswandern, richtig, sehen Sie, hier habe ich auch den Prospekt liegen. Wie könnte ich das vergessen?! Ich finde das auch gut, diese Volkswandertage. Aber da reichen doch ganz gewöhnliche Wanderschuhe aus, so wie ich sie hier ...

Josua *(schüttelt langsam den Kopf)*:
Nein, nein, es geht nicht um den Volkswandertag, na, irgendwie doch. Wissen Sie, mein Volk, mein ganzes Volk, das Volk Israel wandert bereits seit fast vierzig Jahren durch die Wüste, und in den nächsten Tagen müssen wir den Jordan überqueren, und da dachte ich ...

Verkäuferin: Nein, nein, das glaube ich nicht! Sie kommen zu mir, um Schuhe zu kaufen, mit denen Sie den Jordan überqueren wollen?! Sie sind doch meschugge, oder? Den Jordan kann man gar nicht zu Fuß überqueren, Sie sind verrückt. Das geht nicht. Wie wollen Sie das machen? In Gottes Namen, wollen Sie das wirklich machen?

Josua: Ja, in Gottes Namen werden wir auch das wagen.

Verkäuferin: Also dann, Gott steh Ihnen bei. Ich kann das nicht glauben!

Josua *(spricht mit sich selbst)*:
Tja, aus dem Volk werden es wohl auch viele nicht glauben können, deshalb hatte ich ja gehofft, ihnen wenigstens überzeugendes Schuhwerk anbieten zu können. Gott steh uns bei, hat sie gesagt, ja, das ist auch mein Gebet. In seinem Namen werden wir auch diesen Schritt wagen, und er wird uns begleiten, wie er es schon so oft gemacht hat.

10. Kurzpredigt

Josua war der Anführer des ganzen Volkes Israel. Er war der Chef. Vorher hatte Mose das Volk geführt. Ganz, ganz lange. Sie waren durch die felsige Wüste gewandert. Alle Mann und alle Frauen und Kinder, einfach alle, die zum Volk Israel gehörten. Und Mose war in der Zeit ziemlich alt geworden, und er wusste, dass er sterben musste, bevor sie in das versprochene Land kamen.

Und da hatte Gott Josua ausgewählt als den, der danach das Volk anführen sollte. Josua machte das auch, aber es war nicht ganz leicht. Gott hatte ihm gesagt: Josua, sei mutig und habe keine Angst, denn ich bin bei dir.

Josua war es trotzdem etwas mulmig zumute. Er konnte sich gar nicht so richtig vorstellen, dass das Volk auf ihn hören würde. Wieso ausgerechnet auf ihn? Vielleicht würden sie auch sagen: Buh, Josua, sei still, du hast uns gar nichts zu sagen.

Und ausgerechnet jetzt waren sie an der Grenze zum versprochenen Land. Ausgerechnet jetzt standen sie am Ufer des Jordan. Wenn das mal gut ging!

Sie mussten ja da durch. Ob das Volk mitmachen würde, wenn er ihnen sagte, dass sie durch den Jordan hindurch mussten? Und es gab nirgends eine Brücke. Oh, oh, wenn das mal nur gut ging.

Und dann kam der spannende Augenblick, wo sie am Ufer standen und Josua sagen musste, wie es weiterging.

Einige Männer trugen die Bundeslade. *(Frage an die Kinder:) Wer weiß, was das ist?*

Und zu denen mit der Bundeslade sagte Josua: Ihr sollt mit der Lade ins Wasser gehen. Stellt euch mitten in den Fluss, und das Wasser wird anhalten. *Was meint ihr, was die gemacht haben? Hättet ihr das auch gemacht?*

Sie sind in den Jordan hineingegangen ... und das Wasser blieb stehen. Blieb einfach neben ihnen stehen.

Da war Josua natürlich heilfroh. Das ganze Volk konnte nun durch den Jordan ziehen, und ganz am Schluss, als alle vorbei waren, kamen als letzte die Männer mit der Lade ans andere Ufer. Sie hatten es geschafft! Gott hatte ihnen geholfen.

Wisst ihr, warum ich die Geschichte so toll finde?

Weil mir das auch manchmal so geht, und ich glaube, euch auch. Manchmal müssen wir Schritte wagen, vor denen uns ganz schön mulmig ist.

Zum Beispiel, wenn wir etwas zum ersten Mal machen, dann ist das manchmal gar nicht leicht. Wenn man zum ersten Mal in die Schule geht, oder in den Kindergarten oder in den Kindersingkreis oder in den Kindergottesdienst, oder wenn man zum ersten Mal vom Dreimeterbrett springen will oder ... was noch ??? ... Das kann ganz schön aufregend sein.

Oder auch, wenn man sich gestritten hat und sich wieder vertragen will. Das kann auch ganz schön schwer sein.

Manchmal ist man auch einfach ratlos und weiß nicht, wie es weitergehen soll, weil alles so schwierig ist. Manche Menschen haben sogar Angst davor, morgens aufzustehen, weil alles so schwer ist.

Und manchmal kann es sogar schwer sein, Gott zu glauben, dass er dann bei uns ist. Bestimmt kennen die großen Leute dieses Gefühl.

Für Josua war das auch schwer. Gott hatte ihm zwar gesagt: Josua, sei mutig und habe keine Angst, denn ich bin doch bei dir, ich bin doch Gott. Ich habe die ganze Welt geschaffen, und bei allen Aufgaben, die vor dir liegen, bin ich dabei. Und alle Aufgaben, die vor euch liegen, sind lange nicht so schwer, wie die ganze Welt zu schaffen.

Das wusste Josua, aber es war trotzdem schwer, das jetzt zu glauben, jetzt, wo sie am Rande des Jordan standen. Denn wenn er nun seinen Fuß in den Jordan stellte und ertrank? So überlegte er vielleicht eine ganze Weile hin und her: Soll ich reingehen oder lieber nicht?

Aber dann kam ihm ein wichtiger Gedanke: Ich werde es nie erfahren, ob Gott sein Versprechen hält, wenn ich diesen Schritt nicht wage. Gott hat versprochen, uns in das Land zu bringen, das am anderen Ufer liegt, da drüben kann man es sehen. *(Prediger macht ausladende Handbewegung.)* Und er hat versprochen, uns auch über den Jordan zu helfen und uns zu begleiten. Wenn ich nun wissen will, ob er dieses Versprechen hält, dann muss ich den Schritt wagen. Ich und alle anderen auch.

Gott hat uns versprochen, immer bei uns zu sein. Aber wenn wir Angst haben, dann ist es gar nicht unbedingt leicht, das auch zu glauben. Doch wie Josua werden wir es nur erleben, wenn wir wagen, ihm zu vertrauen.

Jetzt muss ich euch die Geschichte aber noch ganz zu Ende erzählen: Als alle durch den Jordan hindurchgekommen waren, waren Josua und alle anderen natürlich heilfroh und glücklich, und sie freuten sich an Gott. Sie freuten sich so richtig über Gott, dass er ihnen wieder so toll geholfen hatte.

Und deshalb sagte Josua zu den Männern mit der Bundeslade: Stellt mal hier die Lade ab und geht noch mal in den Fluss an die Stelle, an der ihr gestanden habt.

Hä?, sagten die. Wieso das denn jetzt?

Josua sagte: Dass Gott uns hier so geholfen hat, das wollen wir nie vergessen. Deshalb bauen wir hier ein Denkmal für ihn. Jeder von euch soll an der Stelle, an der er gestanden hat, einen Stein aus dem Wasser holen, und hier am Ufer bauen wir daraus einen großen Dank-Stein-Haufen. Damit wollen wir uns bei Gott bedanken und uns immer daran erinnern, was Gott hier Großes für uns getan hat.

Und das haben sie dann gemacht. Sie hatten Gott vertraut, Schritte gewagt und erlebt, dass Gott seine Versprechen hält. Und dafür haben sie ihm dann gedankt.

 11. Lied

»Siehe, ich habe dir geboten« (aus: Mosaik, Präsenz-Verlag, Gnadenthal)

 12. Gebetsaktion

Das Volk Israel hat als Dank für die erlebte Hilfe Gottes einen Dank-Stein-Haufen aufgebaut. Die Gemeinde wird ermuntert, vor dem Altar ebenfalls solch einen Dank-Stein-Haufen zu errichten. Die Gottesdienstteilnehmer können nach vorn kommen, einen der bereitgehaltenen Steine nehmen und einen Dank-Satz dazu laut formulieren.

Gleichzeitig kann man Gott um Begleitung bei einem schweren Schritt oder für einen Menschen, der es gerade schwer hat, bitten. Dafür gibt es Zettel in Form eines Fußabdrucks mit dem Satzanfang: »Ich bitte Gott für ...«   (Christine Heymer)

13. Vaterunser

14. Segen

2. Fishermen's Friend

Thema:

Gott ruft in die Nachfolge

Bibeltext:

Der Fischzug des Petrus: Lukas 5,1-11

Vorbereitung/Materialien:

- Der Gottesdienstraum wird vorn mit Seemanns-Gerät geschmückt (Schlauchboot/Kanu, Angeln, Anglerstiefel, »Ost-
  friesennerze«, Fischernetze usw.), eventuell Schatztruhe, Palmen in Blumentöpfen, Wegweiser »Kapernaum-City 0,5 km«

- Eventuell Akkordeon (Pkt. 5)

- Preise: goldene Boje (Goldfolie!), goldenes Fischerei-Lexi-
  kon, goldener Rollmops (siehe Spielszene, Pkt. 6)

- Schiffermütze für Interviewer

- Fernglas und Fischernetz (siehe Kurzpredigt, Pkt. 7)

- Pro Gottesdienstbesucher ein farbiger Din A5-Zettel mit Auf-
  druck (Pkt. 9)

- Fischli Cräcker (Pkt. 14)

Mitarbeiter:

- Moderator
- Prediger/Interviewer
- 3 Fischer/Preisträger

1. Eingangsmusik
2. Lied

»Ich singe dir mit Herz und Mund« (EG)

3. Begrüßung, Eingangswort, Psalm

4. Lied

»Er hält die ganze Welt in seiner Hand« (aus: Meine Lieder, deine Lieder - MLDL)
»Weil Gott dich wollte« (aus: Mit Herzen und Händen)

5. Vorprogramm

- *Dekoration* wird mit den Kindern betrachtet

- »*Fischerabitur*« mit der Gemeinde wird eingeübt: »Fischers Fritze fischt frische Fische, frische Fische fischt Fischers Fritze.« Welches Kind traut sich, allein den Spruch aufzusagen?
- *Seemannslied:* Falls möglich, wird mit einem Akkordeon ein Seemannslied gesungen.

6. Spielszene:

»Wir schalten um zur Preisverleihung für besondere Verdienste im Hafen- und Fischereibetrieb ...«

«... Und hiermit übergebe ich an meinen Kollegen in der Fischauktionshalle in Kapernaum ...«

Mod.: Meine Damen und Herren, liebe Freunde der Fischerei, liebe Mitglieder des Fördervereins »Unser Hafen soll schöner werden«! Ich begrüße Sie ganz herzlich zu unserer diesjährigen Preisverleihung für besondere Verdienste im Hafen- und Fischereibetrieb des malerischen Städtchens Kapernaum, der Perle Galiläas am See Genezareth!

Drei Männer sind es diesmal - Menschen aus unserer Mitte, Menschen wie du und ich -, die wir heute, stellvertretend für all die anderen, besonders ehren wollen, weil sie sich in besonderer Weise hervorgetan und mit außergewöhnlichem Einsatz in das Hafenleben eingebracht haben.

Und so begrüße ich als Ersten unter uns *Herrn Kalle Kielwasser* aus der Kieselgasse Nr. 28!

(Auftritt, Applaus; Kalle präsentiert seine kräftigen Arme ...; Tattoo?)
Herr Kielwasser, ich bin beeindruckt von Ihren kräftigen Unterarmen. Die strotzen ja nur so von Tatendrang ...

Kalle: Ja, wissen'se, als Matrose bei der »Kapernaum Fishing Company«, da muss man kräftig zupacken: bei Flaute ist Rudern angesagt, was das Zeug hält - und das kommt oft genug vor auf diesem See. Aber wenn der Wind aufkommt, da muss ich flott die Segel hochkriegen, damit dann die Post abgeht. Ja, ja, da muss jeder Handgriff sitzen ...

Mod.: Nun, liebe Freunde, vor einigen Wochen haben wir es alle vernommen - eine mutige Tat, die uns allen ein Beispiel sein sollte: Unter Einsatz all seiner Kräfte gelang es Herrn Kielwasser, eine umhertreibende Leuchtboje und sechs hilflose

Möwenkinder beherzt dem Seesturm zu entreißen! Herr Kielwasser, wie kam es dazu?

Kalle: Na ja, wir den ganzen Tag auf See, haben 'nen super Fang in der Kiste. Und da bricht das plötzlich los, eins von diesen tückischen Unwettern, die wir hier am See immer fürchten. Hättst'te mal die Wellen sehen müssen - meterhoch! Und wir - alle Mann die Ruder in die Hand - fast hätten wir's zum Hafen nicht mehr geschafft ...

Mod.: Doch dann machten Sie eine Entdeckung ...

Kalle: Ja, ja, wir also nicht mehr weit weg vom Hafen - der Sturm zieht alle Register -, da seh ich doch plötzlich, wie diese Boje auf uns zutreibt! Okay, wär ja nicht so wild gewesen, wenn mein Freund Hein mir nicht zugerufen hätte: »Du, Kalle, da auf der Boje is' 'n Nest mit sechs kleinen Möwen, die können noch gar nicht fliegen! Bei der nächsten Welle sind die weg!«

Mod.: Was ging da in Ihnen vor?

Kalle: Na ja, ich natürlich gleich gecheckt: Leben in Gefahr! Ich rein in das Beiboot, mit dem Kahn runter ins Wasser, kämpfe mich durch die Wellen durch bis zu dieser Boje, packe zu. Und dann nehme ich mit dem Netz das Ding ins Schlepptau - natürlich hab ich erst die Möwen in Sicherheit gebracht. Und dann sind wir alle sicher im Hafen gelandet.

Mod.: Herr Kielwasser, wir danken Ihnen für Ihren Einsatz und überreichen Ihnen hiermit die goldene Boje!

(Applaus; Abgang)

Mod.: Als weiteren Gast begrüße ich unter uns *Herrn Bolle Bugschuss*, wohnhaft in Große Ebbe Nr. 7. Herr Bugschuss, bitte ...

(Auftritt, Applaus)

Herr Bugschuss, Sie sind Dozent für Allgemeine und Spezielle Fischwissenschaft an der Fischereihochschule »Petri Heil« in der Flossengasse.

Bolle: Ganz recht, ich bin zuständig für die qualifizierte Ausbildung der Fischer und Angler im Distrikt Mittelgaliläa, Abschluss mit der anerkannten *Fisch*hochschulreife in den Fächern Artenkunde, Grätenchirugie und Netzflicktechnik.

Mod.: Aber ist das denn alles nötig?

Bolle *(entrüstet):*

Aber natürlich! Der See Genezareth ist doch bekannt für seinen außerordentlichen Fischreichtum. Darf ich Ihnen das kurz mal demonstrieren *(rollt eine Fischkarte aus).* Also, das hier ist der ... *(lat. Name)* und dies ...

Mod.: Äh ... Danke, danke, dafür reicht unsere Zeit nicht ...

Bolle: Bei so vielen verschiedenen Arten, da muss man sich auskennen! Die Fischrestaurants werden heutzutage auch immer anspruchsvoller, und da darf es nicht passieren, dass man sie mit der falschen Sorte beliefert - sonst verliert die Fischerei in Kapernaum ihren guten Ruf! Die billige Importware überschwemmt eh schon den ganzen Markt.

Mod.: Herr Bugschuss, Sie sind vor einiger Zeit in die Schlagzeilen geraten ... Wir können es ja ganz offen sagen: Sie haben einen neuen Rekord im *Fischsortieren* aufgestellt! Wie kam es zu diesem ungewöhnlichen Einsatz?

Bolle: Na ja, ich kam gerade aus der Vorlesung und ging unten am Kai entlang, und da sah ich die Jungs sitzen - völlig fertig von der Ausfahrt, vor einem dicken Berg Fische - und ziemlich ratlos, welcher Fisch in welchen Korb ... Mal wieder im Unterricht nicht aufgepasst, dachte ich, und da hab ich mir ein Fisherman's in den Mund geschoben, meinen Kennerblick aktiviert, und in Windeseile waren die Fische sortiert ...!

Mod.: Beeindruckend, Herr Bugschuss, wirklich beeindruckend! Für diese Leistung überreichen wir Ihnen das goldene Fischlexikon!

(Abtritt)

»Bevor wir den dritten und letzten Gast begrüßen, singen wir gemeinsam das Seemannslied.«

Mod.: Liebe Freunde, ich möchte Ihnen jetzt einen Gast vorstellen, der vor einiger Zeit hier im Hafen wirklich Erstaunliches erlebt hat. Was dieser Mann berichtet - Sie werden es kaum glauben, doch hier handelt es sich nicht um selbstgesponnenes Seemannsgarn. Ich selbst und hunderte von Bürgern unseres Ortes waren Zeugen dieses außergewöhnlichen Vorfalls. So bitte ich in unsere Mitte Herrn Simon Petrus, wohnhaft im Hafenviertel.

(Auftritt)

Herr Petrus, Sie werden unzweifelhaft in die Geschichte des Hafens eingehen, denn Ihnen ist der spektakulärste Fischfang aller Zeiten gelungen: bei ungünstigen äußeren Bedingungen holten Sie auf einer einzigen Fahrt zwei prallvolle Bootsladungen Fisch aus dem Wasser!

Sie sind daher nominiert worden für die höchste Auszeichnung der mittelgaliläischen Fischereivereinigung: den goldenen Rollmops!

Doch vorher möchte ich Sie bitten, etwas genauer von den unvergesslichen Erlebnissen an jenem Tag zu berichten.

Petrus: Ach, wissen Sie, das Rampenlicht und diese Auszeichnungen, das wollte ich doch alles gar nicht. Denn es war eigentlich gar nicht mein Fang. Und die Fische, das war doch gar nicht das Entscheidende ... Aber am besten, ich fange mal von vorne an:

Es war am späten Vormittag, und wir saßen immer noch auf der Hafenmauer. Wir - das heißt meine Kollegen Jakobus und Johannes und ich.

Total frustriert. Eine ganze Nacht waren wir draußen auf dem Wasser, und ich weiß nicht, wie oft wir die Netze ausgeworfen haben - wieder und immer wieder. Und nachts, da ist doch die beste Zeit zum Fischen. Gewissenhaft haben wir unsere Runden gedreht.

Und Sie glauben gar nicht, wie deprimierend das ist, wenn Sie dann in der Morgendämmerung in den Hafen einfahren, und Sie gucken in den Laderaum, und dann liegen da vor Ihnen 11 kleine Fische, ein halbverfaulter Holzeimer, eine kaputte Sandale und jede Menge Algen und Schlamm! War ja mal wieder 'n schöner Volltreffer ...

Und als wir da so saßen, fielen uns vor Enttäuschung und Müdigkeit fast die Augen zu. »Wenn das so weitergeht, kann ich meinen Laden dicht machen - aber wie soll ich dann meine Familie versorgen?« Als mir diese Gedanken durch den

Kopf gingen, fielen mir auch noch die Netze ein. Die lagen da auf einem großen Haufen vor uns, dreckig und verklebt, und mussten noch gewaschen werden. Auch das noch! Also machten wir uns an die Arbeit ...

Mod.: 11 Fischlein - das soll der Jahrhundertfang gewesen sein?

Petrus: Nein, nein, jetzt fing's ja erst richtig an. Als wir dabei waren, die Netze zu waschen, tauchte plötzlich Jesus am Hafen auf. Das ist dieser beeindruckende Prediger, der von Gott als seinem Vater redet und schon viele gesund gemacht hat. Ich hatte ihn schon vorher gehört. Wo er sich sehen lässt, da ist gleich jede Menge los, denn er ist begehrt. Und diesmal war es nicht anders: eine Riesenmenge lief hinter ihm her - und er kam auch noch geradewegs auf uns zu!

Mod.: Da waren Sie wohl nicht gerade begeistert ...

Petrus: Kann man wohl sagen, das hatte mir gerade noch gefehlt. Wenn ich eins jetzt nicht gebrauchen konnte, dann war das dieser Trubel und dass die Leute womöglich von unserer Pleite was merkten. Aber Jesus war tatsächlich fest entschlossen, am Wasser zu predigen - ausgerechnet da, wo wir saßen!

Mod.: Aber das war doch viel zu eng, und die meisten hätten ihn auch gar nicht hören können.

Petrus: In der Tat, und deshalb kam er ja auch auf eine ganz ungewöhnliche Idee: Völlig unerwartet spricht er mich an und fragt mich, ob ich ihn ein Stück aufs Wasser rausfahren kann. Hab' natürlich nicht Nein gesagt. Ist doch eine Ehre für mich als einfachem Fischer!

Kurze Zeit später steht dieser Jesus tatsächlich in *meinem* Boot, ganz nah neben mir, zwei Meter vom Ufer weg, und predigt zu den Bürgern *meines* Dorfes - das hätte ich mir auch nicht träumen lassen.

Mod.: Eine geniale Idee: Er wird nicht zu sehr bedrängt, und alle können ihn vom Wasser aus verstehen. Aber was war denn mit dem großen Fang?

Petrus: Passen Sie auf, jetzt kommt's: Als er zu Ende geredet hat - ich hab noch jedes Wort im Ohr, so beeindruckend war das -, da sagt er doch etwas zu mir, das mich fast umhaut: »Fahrt noch mal raus, da, wo es tief ist, und werft eure Netze aus zum

Fang!« Ich glaub', ich hab' ihn angeguckt wie ein riesiges Fragezeichen.

Mod.: Das ist doch eine völlig sinnlose Aktion! Ich glaube, dass er von Fischerei auch nicht viel versteht. Wer schon nachts nichts fängt, der wird doch am helllichten Tag erst recht keinen Erfolg haben.

Petrus: Genau das hab' ich ihm auch gesagt. Aber dann hatte ich plötzlich irgendwie Vertrauen in diesen Jesus. Ich spürte, wenn er das sagt, dann ist das etwas anderes. Und dann hab' ich mich drauf eingelassen.

Wir sind also noch mal los, mit zwei Booten, und wir drehten ein paar Runden, während sich am Ufer immer mehr Neugierige versammelten. Wenn das in die Hose geht, dachte ich nur, dann ist die Blamage perfekt.

Mod.: Aber es ging in die Vollen ...!

Petrus: Wahrhaftig: Plötzlich spürte ich einen Ruck durch das Boot gehen, der Druck auf die Netze wurde immer stärker, und als wir sie einholten, da wimmelte und zappelte es nur so von Fischen! Hätten wir nicht noch das andere Boot dazugerufen, wären wir durch die Last der Fische gesunken.

Und als wir zurück waren, da bin ich nur ganz beschämt zu Jesus hin und hab' ihm gesagt, wie klein ich mir vor ihm vorkomme - obwohl ich doch so einen dicken Fang im Boot hatte. Denn irgendwie wusste ich: Er hatte damit zu tun.

Mod.: Dann läuft Ihr Fischgeschäft jetzt also wieder auf Hochtouren.

Petrus *(leiser und nachdenklich)*:

Nein. Ich habe alle Fische an meine Kollegen verschenkt, habe alles aufgegeben und mich zusammen mit Jakobus und Johannes entschlossen, Jesus nachzufolgen.

Mod.: Wie bitte???

Petrus: Ja, nach all dem, was vorgefallen ist, habe ich einfach gespürt: Ich, ein einfacher Fischer aus dem Hafenviertel, ich bin Jesus so wichtig, dass er mir nicht nur aus der beruflichen Pleite heraushilft, sondern mich sogar einlädt, zu seinem engsten Freundeskreis zu gehören und ihn auf seinem Weg zu begleiten. »Folgt mir nach, ich will euch zu Menschenfischern machen« - das waren seine Worte.

Leicht habe ich's mir nicht gemacht, doch ich glaube, es wird ein großer Gewinn. Wenn auch nicht immer einfach. Mittlerweile sind wir zwölf, die zu diesem Kreis gehören. Und das ist schon eine bunte Mischung, diese Gemeinschaft, zu der wir jetzt gehören. Manchmal könnten die Gegensätze nicht krasser sein. Aber jeder von uns hat eine neue Aufgabe bekommen, wo er sich mit seinen Gaben einbringen kann, und ich bin gespannt, was ich auf diesem neuen Weg noch alles mit Jesus erleben werde.

(Der Moderator steht gedankenversunken auf und fügt dann noch ein paar kurze Gedanken an:)

 ## 7. Kurzpredigt des Interviewers - Predigtskizze

Zwei Gedanken aus dem dritten Interview mit Simon Petrus werden aufgegriffen. Zwei Gegenstände veranschaulichen diese: ein Fernglas und ein Fischernetz.

a) Fernglas
- Prediger schaut verkehrt durch sein Fernglas. »Schöne Aussicht - aber irgendetwas ist falsch.« Alles ist winzig. Auch eine große Masse ist weit weg ...

- Prediger schaut richtig durch sein Fernglas. Plötzlich sind einzelne Menschen sehr nah, genaue Konturen sind zu erkennen. Für einen Moment sind alle anderen aus dem Blickfeld, nur der ist wichtig und groß, der gerade im Blick ist.

- Ähnlich ist es auch Petrus ergangen: Jesus kam mit einer großen Menge Menschen, und auch im Hafen war sehr viel los. Aber Jesus sah nicht nur die riesige Menschenmenge (Fernglas verkehrt halten). Aus der Masse heraus wird Petrus persönlich in den Blick genommen (Fernglas richtig vor die Augen halten).

- Die Botschaft Jesu für Petrus: Du bist mir wichtig. Zu dir will ich ins Boot steigen. Es ist egal, ob Petrus nach Fisch riecht, nicht aus vornehmer Familie kommt, von theologischen Fragen wenig Ahnung hat, bei der Arbeit gerade großes Pech hatte.

- So ist Jesus, das ist der Clou! Er ist am einzelnen, unvergleichlichen Menschen interessiert.

Ein Beispiel: Ruft jemand nur »Hallo«, brauche ich mich nicht angesprochen zu fühlen. Ruft jemand meinen Namen, drehe ich mich um, wende mich dem anderen zu. Ich bin gemeint.

b) Netz

- Ein Netz kann eine große Menge erfassen. Was passiert, wenn ein Stück herausgeschnitten wird? Macht doch nichts - ist doch noch reichlich Netz vorhanden? Es wäre töricht, denn:

- Wenn ein Teil fehlt, steht der ganze Fang auf dem Spiel! Jedes Teil ist mit dem anderen eng verknüpft. Das erfährt Petrus, als er Jesus nachfolgt: Er wird berufen in eine Gemeinschaft und in eine gemeinsame große Aufgabe - Menschen für das Reich Gottes zu gewinnen.

- Die zwölf Männer, die Jesus als seine Freunde um sich geschart hat, sind eine bunte Mischung, total verschieden, jeder unterschiedlich begabt.

Die Geschichte von Petrus, der anfing, Jesus nachzufolgen, lädt uns ein, unseren Platz zu finden in dieser Gemeinschaft, als Fishermen's Friend.

 8. Lied

»Du bist du, das ist der Clou« (aus: Feiert Jesus - FJ)

 9. Aktion

Schiffe basteln

Jeder Gottesdienstteilnehmer bekommt einen Din A5 großen bunten Zettel. Unter der Bastelanleitung eines Mitarbeiters faltet jeder ein Schiff. Auf die Blätter sind je zwei Sätze aus der Fischzuggeschichte kopiert, die nach dem Falten auf jeder Rumpfseite zu lesen sind:

1. Jesus sagte zu Petrus: Folge mir.
2. Ich will euch zu Menschenfischern machen.

10. Lied

»Ich sitze oder stehe« (aus: Kinderliederbuch - Kilibu)

 11. Fürbitten und Vaterunser

 12. Segenslied

»Der Herr segne dich« (aus: LL)

 13. Segen

Am Ausgang bekommt jeder Gottesdienstbesucher in sein gefaltetes Boot einige Fischli-Cräcker - so hat jeder etwas gefangen.

(Christine Heymer und Matthias Clever)

3. Mensch, ist die Welt wunderbar

Thema:
Gottes wunderbare Schöpfung wahrnehmen und für sie danken

Bibeltext:
Schöpfungsgeschichte: 1. Mose 1-2,3

Vorbereitung/Materialien:
- Flipchart (eventuell)
- 6 DIN A1 oder DIN A0 Blätter
- Schlag- und Rassel-Instrumente
- Früchte (z.B. Erdbeeren, Weintrauben) für jeden Besucher
- Kassettenrekorder und Hintergrundmusik

Mitarbeiter:
- Moderator
- Prediger
- Tanzanleiter
- 2 Pantomime-Spieler

 1. Eingangsmusik

2. Eingangstanz

»Wir sind hier zusammen in Jesu Namen« (aus: LL)

Tanzanleitung:

Textzeile	*Wir sind hier zusammen in Jesu Namen, um dich zu loben, oh Herr,* *(1. Mal)*
Tanzschritt 1:	Die Kinder fassen sich im Kreis an den Händen und gehen linksherum im Kreis
Textzeile:	*Wir sind hier zusammen in Jesu Namen, um dich zu loben, oh Herr,* *(2. Mal)*
Tanzschritt 2:	Die Kinder fassen sich im Kreis an den Händen und gehen rechtsherum im Kreis
Textzeile:	*Ehre dem Vater, Ehre dem Sohn,*
Tanzschritt 3:	Die Kinder bleiben angefasst, gehen mit vorgestreckten Händen in die Mitte und heben dabei die Hände langsam immer mehr an, so dass sie in der Mitte oben sind
Textzeile:	*Ehre dem Heilgen Geist, der in uns wohnt*
Tanzschritt 4:	Wie Tanzschritt 3, nur andersherum, aus der Mitte wieder heraus, Hände langsam herunternehmen. Bei der Wiederholung dieses Teils wiederholen sich auch die Tanzschritte
Textzeile	*Halleluja (4 x)*
Tanzschritt 5:	Am Platz stehen (im Kreis) und klatschen

Bei der Wiederholung des Halleluja-Teils drehen sich alle mit dem Gesicht nach außen, bleiben aber in Kreisformation stehen, gucken eben nur nicht mehr in die Kreismitte und klatschen weiter.

Wenn man genügend Leute hat, die mitmachen, kann man auch zwei (oder drei) Kreise ineinander bilden, die das Lied im Kanon singen und tanzen.

 ## 3. Begrüßung

Wir feiern Gottesdienst:
Im Namen des Vaters, des Sohnes und des Heiligen Geistes. Amen.

Wir haben einen Gott, der uns *immer* hilft.
Wir wissen, dass er das kann, weil er *alles* gemacht hat:
Himmel und Erde und noch viel mehr. Heute wollen wir das anschau-en, was er alles geschaffen hat.
Wir wollen uns darüber freuen und ihn dafür loben.

 ## 4. Lied:

»Er hält die ganze Welt in seiner Hand« (aus: MLDL)
Zu diesem Lied werden die Kinder nach vorne gerufen, Strophen und passende Bewegungen werden mit ihnen gemeinsam ausgedacht.

5. Psalmlesung (Psalm 104)

In der Bibel gibt es schöne alte Gebete. Manche sind ziemlich schwierig, aber viele passen auch heute sehr gut zu uns. Psalm 104 wird in Auszügen gelesen.

 6. Schöpfungserzählung

Die Schöpfungsgeschichte wird mit Hilfe eines großen Flipchart erzählt, der wie ein großer Abreißkalender gestaltet ist. Alternativ können sechs große (DIN-A1 oder DIN-A0) Papiere verwendet werden, die zunächst übereinander befestigt sind. Die Blätter sind als Kalenderbilder gestaltet, auf denen die sechs Schöpfungswerke gezeichnet sind. Sie werden in der Erzählfolge an einer Wand befestigt.

Einstieg:
Gott hat den Himmel und die Erde gemacht.
Alles kommt von Gott.
Alles, was wir sehen.
Und alles, was wir nicht sehen.
Am Anfang war alles wüst und leer. Es war nur *Tohu wabohu.*

Aktion: Tohu wabohu darstellen mit Lärm, Dissonanz - und dann eintretender STILLE. Der Dissonanz-Effekt entsteht sehr einfach: Kinder und Jugendliche, die darauf vorbereitet wurden, halten Töne auf »uh« und »ah« aus, die zusammen keinen harmonischen Akkord ergeben. Die Gottesdienstbesucher werden eingeladen »miteinzustimmen«. Eventuell können Schlag- und Rassel-Instrumente eingesetzt werden.

1. Tag:

Es war alles dunkel, denn es gab noch kein Licht.
Aktion: Gemeinde wird aufgefordert, die Augen zu schließen.

Wir können uns nur sehr schwer vorstellen, dass es noch gar kein Licht gab. Alles nur dunkel. Schwarz. Ununterbrochene Nacht. Keine Sterne am Himmel.

Aber dann hat Gott das Licht geschaffen.
Nun gibt es den Tag und die Nacht.
Und es gefiel ihm gut.

1. Kalenderbild zeigen. Gemalt ist im Bildmittelpunkt ein strahlendes Licht, das von Dunkelheit umgeben ist.

2. Tag (2. Kalenderbild):

Gott machte die Wolken, das Wasser, das Meer und den Himmel.
Und alles gefiel ihm gut.

Lied
»Heißa, wir dürfen leben«, 1. Strophe (aus: MLDL)

3. Tag (3. Kalenderbild):

Gott lenkte das Wasser an bestimmte Orte, in Seen und Teiche, in Flüsse und Meere.
So entstand das trockene Land.
Und aus der Erde heraus wuchsen Gräser und Büsche, Bäume und Blumen.
Obst, Gemüse und Körner reiften heran.
Und alles gefiel Gott gut.

Aktion: Kinder verteilen an jeden Gottesdienstteilnehmer eine kleine Frucht, die er mit »Haut und Haar« aufessen kann, z.B. Erdbeere, Weintraube.

4. Tag (4. Kalenderbild):

Gott setzte viele Sterne an den Himmel.

Die große Sonne scheint uns nun am Tage.
Der Mond macht die Nacht ein wenig heller.
Und es gefiel Gott gut.

Lied

»Die Sonne, die Erde, die Wolken und das weite Meer« (1. Strophe, aus: Sing mit uns ein neues Lied, Bd. 1, Klaus Gerth Musikverlag, Asslar)

5. und 6. Tag (5. Kalenderblatt mit Tierbildern):

Gott machte die Tiere im Wasser, den Walfisch und den Hering.
Gott machte die Vögel am Himmel, den stolzen Adler und die winzige Mücke.
Gott machte die Tiere auf dem Land, den Löwen und den Regenwurm.
Und viele, viele andere Tiere.
Und es gefiel Gott gut.

Aktion: Kinder werden nach vorn geholt und machen Tiergeräusche nach, nacheinander und durcheinander.

Lied

»Gott liebt alle Wesen«

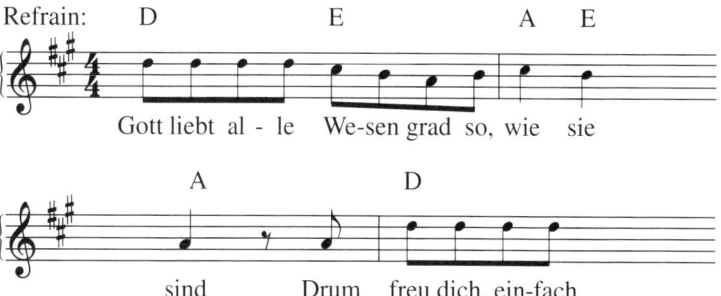

du zu sein, du bist sein Kind

1. Ich bin das al - te Nil-pferd, sehr

trä - ge, wie man sieht, doch weil der Schöp-fer

es so woll-te, stimm ich ein in die - ses Lied.

2. (Quäkend, 1 Oktave höher)
   Ich bin der Gockelhahn, und wisst ihr, was ich kann:
   wenn morgens alles schläft, dann fange ich zu krähen an.

3. (leicht nasal, die letzten Worte stark verlangsamend)
   Ich bin eine Schnecke, liebe die Gemütlichkeit,
   wenn alles hetzt und hastet, lasse ich mir einfach Zeit.

4. (stark nasal, 1 Oktave höher)
   Ich bin ein kleines Stinktier, rieche anders zwar als du,
   doch wenn dir das nicht passt, dann halt dir doch die Nase zu.

5. (wie eine Hexe)
   Ich bin die alte Kröte, die Menschen ekeln sich vor mir,
   doch Gott schuf mich mit Warzen, und ich danke ihm dafür.

6. (1 Oktave höher, u.U. mit Kopfstimme, piepsig)
   Ich bin 'ne kleine Mücke, gern übersieht man mich.
   Na, dann mach ich mich bemerkbar mit einem kleinen Stich.

7. (aufgeregt hechelnd, 1 Oktave höher)
   Ich bin ein kleiner Dackel, und trickreich bin ich auch.
   Ich gebe einfach Pfötchen, und schon krault man mir den Bauch.

8. (1 Oktave höher, Opernsängerin)
   Ich bin die Nachtigalle und sing mit lautem Schalle,
   und du, halt dir die Ohren zu, wenn ich dir nicht gefalle.

Text u . Musik: Rüdiger Gebhardt; Rechte beim Verfasser

6. Tag, 2. Teil:

So viele gute Dinge hat Gott geschaffen. Aber was fehlt denn noch?
Der Mensch!
Er ist etwas Besonderes.

*Die Kinder, die bis jetzt viel erlebt haben und in Bewegung waren,
werden aufgefordert, noch einmal ganz still zu werden ...*

Pantomime: »Gott erschafft den Menschen«

*Zwei Mitarbeiter haben weißbemalte Gesichter. Die Person, die Gott
spielt, hat eine weiße Hose und ein schwarzes Oberteil an. Der
»Mensch« trägt schwarze Kleidung.*

Die Figur »Schöpfer« schiebt zu Beginn mit den Händen fiktiv Erde
auf dem Boden zusammen. Aus diesem Ton beginnt sie eine menschliche Figur zu formen und haucht ihr dann liebevoll Leben ein.
Die Figur »Mensch« liegt zunächst flach auf dem Boden. Beim Zu-
sammenschieben des Erdklumpens erhebt sie langsam den Oberkörper
und zieht die Beine an, so dass sie dann ihre Knie umfasst hält und still
dasitzt, während der Schöpfer ihre Umrisse nachzieht und gestaltet.
Die Figur »Mensch« hält die Augen geschlossen. Erst beim Einhau-
chen des Odems öffnet sie ihre Augen, schaut sehr überrascht und
fängt an, sich selbst zu betasten und zu bestaunen, dann auch umher-
zuschauen und die Umgebung zu bewundern.

»Mensch« schaut sich eine Weile um und erblickt irgendwann den »Schöpfer«. Die beiden nicken sich voller Zuneigung an. Dann versucht die Figur »Mensch« aufzustehen, weiß noch nicht so recht, was sie mit ihren Gliedern alles tun kann, und steht schließlich erst etwas wackelig, aber dann immer sicherer auf ihren Beinen. Sie beginnt zu springen und zu laufen, entdeckt ein Tier und streichelt es, genießt den Duft einer Blume und beißt herzhaft in eine Frucht, die sie pflückt.

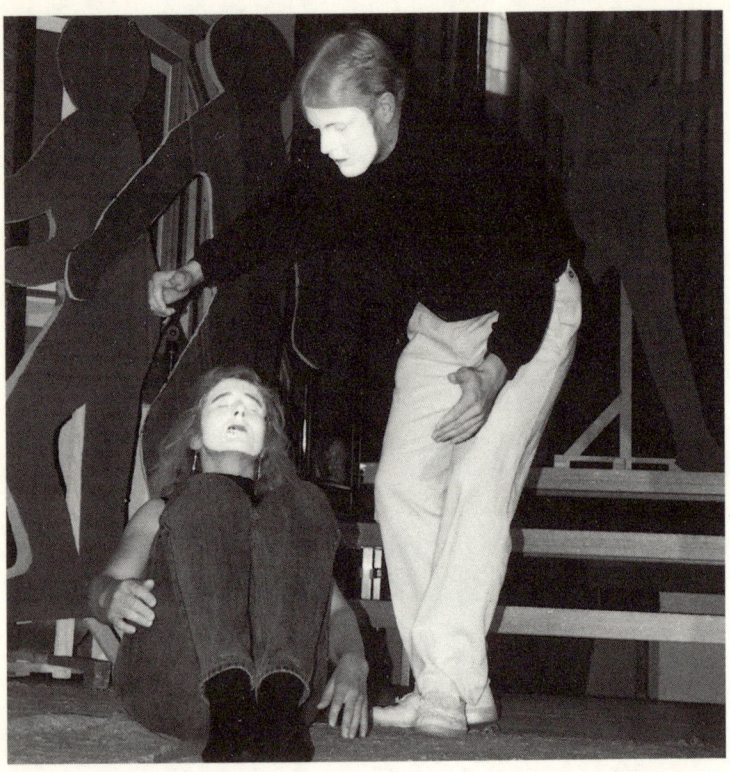

Während der Pantomime läuft leise Musik - live oder als CD. Sie wird zum Ende der Pantomime immer lebendiger und geht - je nach den musikalischen Möglichkeiten - über in »Heißa, wir dürfen leben«.

Lied
»Heißa, wir dürfen leben« (aus: MLDL)

7. Tag (kein Kalenderbild):

Am siebenten Tag ruhte sich Gott aus und freute sich über das, was er gemacht hatte.

Die Gemeinde wird eingeladen, eine halbe Minute absolut still zu sein.

Es schließt sich eine Kurzpredigt an.

 ## 7. Predigtskizze

Das war unser Schöpfungsmarathon, sechs Tage ohne Nächte haben wir miterlebt. Aber am 7. Tag ruhte Gott. Er schuf die Ruhe. Eben haben wir gespürt, wie wohltuend die Ruhe sein kann.

Gott gönnt uns die Ruhe am siebten Tag! Wir selber gönnen sie uns oft nicht. Es gab Gruppierungen im Judentum, die am Sabbat keine Fürbitte taten, um Gott keine Arbeit zu machen!

Gott heiligte den siebten Tag, das heißt er sonderte ihn aus und machte ihn zu einem besonderen Tag.

Wer sich Pause, Ruhe, das Innehalten gönnt, kann sich über das freuen, was Gott geschaffen hat.

Gott hat am Anfang Großes geschaffen - das wurde eben bewundert.

Und jeden Tag erhält Gott seine Schöpfung. Dass die Natur immer wieder ihren Rhythmus durchschreitet, dass die Pflanzen aus Regen, Wind und Sonne wachsen, dass alles nicht plötzlich stehenbleibt, all dies ist Gottes erhaltendes Tun.

Heute hier innehalten, um anzuschauen und bewusst zu machen und sich zu freuen.

Für unseren Umgang mit der Schöpfung ist es gut, sich immer wieder bewusst zu machen, dass *Gott* sie geschaffen hat.

Das fällt besonders leicht bei strahlendem Wetter, vielleicht auch beim Essen köstlicher Früchte.

Wenn ich Erdbeeren esse, denke ich immer: Danke, guter Gott, Erdbeeren waren und sind ein Volltreffer.

Oder wenn ich an einem heißen Tag in einen kühlen See springe, denke ich: Danke, guter Gott, Wasser zu schaffen war ein echter Volltreffer.

Und wenn ich uns alle ansehe in unserer kunterbunten Verschiedenheit, denke ich: Wir sind Volltreffer. Halleluja. Amen.

 **8. Bewegungslied**

»Voll-, Voll-, Volltreffer« (aus: Kilibu)

 9. Fürbitten und Vaterunser

 10. Lied

»Meinem Gott gehört die Welt« (aus: MLDL)

 11. Segen

(Christine Heymer)

4. Wenn der Stein ins Rollen kommt - Ostergottesdienst

Thema:
Das leere Grab Jesu - Märchen oder Gottes Möglichkeit?

Bibeltext:
Auferstehungstext: Matthäus 27,31-66

Vorbereitung/Materialien:
- Walnuss und Nussknacker (Pkt. 1)

- Kieselsteine (Pkt. 1 u. 8) nach Zahl der Gottesdienstbesucher

- Asterixheft (Pkt. 5)

- Große Felssteinattrappe (auszuleihen aus der Requisitenabteilung eines Theaters oder von einem Schaufensterdekorateur, Pkt. 5)

- Osterei (Pkt. 8)

Mitarbeiter:
- Moderator
- Prediger
- Musiker bzw. Musikgruppe

1. Begrüßung

Mitarbeiter hält in einer Hand eine Walnuss, in der anderen einen Kieselstein und sagt nach der Begrüßung:

An einer harten Nuss kann ich mir die Zähne ausbeißen *(beißt auf die Walnuss)* oder sie mit dem richtigen Werkzeug knacken. Dafür brauche ich dieses Werkzeug *(holt einen Nussknacker aus der Tasche)*.

So ein Kieselstein ist nicht zu knacken. Und was ist mit der Auferstehung? Steinhart und nicht zu knacken? Stimmt! Mit unserem Verstand knacken wir die Auferstehung nicht.

Dafür brauchen wir Gott und seinen guten Geist. Der hat schon ganz andere Nüsse geknackt und Steine in Bewegung gebracht. Um solche Steine soll es heute gehen.

In seinem Namen feiern wir deshalb diesen Gottesdienst.

 2. Bewegungs-Lied

»Einfach Spitze, dass du da bist« (aus: Du bist Herr - DbH)

 3. Gebet

 4. Lied

»Christ ist erstanden von der Marter alle« (EG)

5. Kurzpredigt

Prediger liest aus einem Asterixheft:

Wir befinden uns im Jahre 50 v.Chr. Ganz Gallien ist von den Römern besetzt. Ganz Gallien? Nein! Ein von unbeugsamen Galliern bevölkertes Dorf hört nicht auf, den Eindringlingen Widerstand zu leisten. *(Prediger erzählt:)*

So beginnt jede Asterix-Geschichte der Comic-Großmeister Goscinny und Uderzo. Asterix ist der kleine Held mit den großen Ideen. Untrennbar mit ihm verbunden ist Obelix. Groß und etwas aus der Form geraten. Nun ja, bei so üppigem Wildschwein-Verzehr ... Obelix ist als kleiner Junge in den Zaubertrunk des dorfeigenen Magiers Miraculix gefallen und hat seitdem Bärenkräfte. So dicke Hinkelsteine hebt Obelix mit links hoch. *(Prediger nimmt die große Felssteinattrappe und hebt sie »mit links« hoch.)*

Welch ein Ärgernis war diese kleine Schar unbeugsamer Gallier für die Römer!

Welch eine vergnügliche Geschichte für uns. Diese Mischung aus Märchen und Historie. Asterix und Obelix sind wirklich eine gelungene Erfindung. Aber die Römer - sie stammen nicht aus der spitzen Feder Uderzos und Goscinnys.

Die Römer gab es wirklich - machthungrig und immer bestrebt, ihr Reich zu vergrößern. Römerfreie Zone in Gallien? Vielleicht. Eine römerfreie Zone in Galiläa gab es jedenfalls nicht. Und auch keine in Judäa. Nein, ganz Israel war zur Zeit von Jesus von den Römern besetzt ...

Jesus - der ist übrigens auch keine Erfindung, dafür umso mehr ein Ärgernis für die damals Herrschenden. »Wie kann denn so ein dahergelaufener Wanderprediger behaupten, er sei Gottes Sohn?«, so ärgerten sich die jüdischen Führer. So brachten sie die religiöse Suppe zum Kochen - und Jesus musste sie auslöffeln. Denn der römischen Besatzungsmacht war die Sache mit diesem Unruhestifter zu heiß geworden. Wer vebrennt sich schon gerne die Finger? Dann doch lieber die Hände in Unschuld waschen, dachte sich Herr Pilatus und tat es.

Deshalb hing Jesus am Kreuz. Weil wir alle Großmeister im Hände-Reinwaschen sind. Weil so viele Menschen bis heute schulterzuckend sagen: »Was hab ich mit Jesus zu schaffen?«

Und Jesus?! Er leistete keinen Widerstand. Ans Kreuz nageln sie ihn. Verspottet wird er von den einen. Beweint von den anderen. So stirbt er langsam einen grausamen Foltertod. Vom Kreuz wird er abgenommen und in ein Grab gelegt.

Wieder einmal ist erfolgreich ein Ärgernis beseitigt worden. So einfach kann es sein. Zufrieden reichen sich die, die politisch und religiös das Sagen haben, die Hände. »Wir können zur Tagesordnung übergehen.« Fast jedenfalls. Eine kleine Unruhe blieb in ihnen.

Denn dieser Jesus Christus von Nazareth, der, der drei Jahre durchs Land gezogen war und von sich behauptete, von Gott zu kommen: Er war den Mächtigen verdächtig über den Tod hinaus: »Hat er nicht selber vor seinem Tod behauptet, er würde nach drei Tagen wieder auferstehen? Hat er uns nicht schon vor seinem Tod an der Nase herumgeführt? Passt auf: Bevor seine Jünger seinen Leichnam klauen und behaupten, Gott habe ihn auferweckt, lasst uns sein Grab bewachen!«

Der tote Jesus - sicher eingesperrt hinter einem riesigen Felsen.

Zur Tagesordnung wollten sie übergehen. Welch ein Irrtum! Niemand von uns kann an Jesus vorbei zur Tagesordnung seines Lebens übergehen, ohne dass Ordnungen auf den Kopf gestellt werden. Zum Beispiel die Ordnung: »Mit dem Tod ist alles aus.« Das stimmt nicht mehr.

Die Frauen, die zum Grab von Jesus kamen,

die Wächter, die vor Schreck ohnmächtig wurden,

die Jünger, die den aufgeregten Worten der Frauen von der Auferstehung lauschten - sie alle fingen an zu begreifen: »Mit dem Tod ist alles aus« - das stimmt nicht mehr.

Obelix hier mit seinem Hinkelstein und Jesus *(Prediger nimmt Felssteinattrappe in die Hand)* und Jesus mit seinem weggerollten Grabstein? Ist es nicht sehr pietätlos, so zu fragen?

Es könnte zu einer der wichtigsten Fragen in unserem Leben werden. Die Frage nämlich: Ist der Bericht von dem leeren Grab Jesu ein Märchen, eine tolle Geschichte mit Supertrick, oder hat Gott selber eingegriffen?

Und wenn Gott eingegriffen hat, dann darf, dann muss sich heute Morgen jeder von uns fragen: »Kann ich das glauben?«

Stellen Sie sich einmal vor: Jesus ist von den Toten auferstanden. Und es stimmt! Es hat sich wirklich ereignet!

In dem alten Ostergruß heißt es: »Der Herr ist auferstanden, er ist *wahrhaftig* auferstanden. Halleluja.« Auf dieses »wahrhaftig« kommt es an. Es heißt nicht: »Er ist womöglich, vielleicht, aller Wahrscheinlichkeit nach, unter Umständen, vermutlich auferstanden« - nein, er ist wahrhaftig auferstanden.

Wenn ein Stein ins Rollen kommt - kann sehr viel Geröll abgehen. Ich wünsche Ihnen heute Morgen, dass Gott genau den Stein des Zweifelns ins Rollen bringt, dass der Geröllberg der Zweifel und des Nichtverstehens von Ostern abgetragen wird. Ostern ist ein Wunder. Wenn ein Mensch Ostern anfängt zu glauben, wenn Sie anfangen, an Ostern zu glauben, dann ist das auch ein Wunder.

(Noch einmal wird die Felssteinattrappe hochgehoben:) Und kein fauler Trick. Gott sei Dank.

Im Anschluss an die Kurzpredigt dürfen die Kinder probieren, den großen Stein hochzuheben.

 ## 6. Liedvortrag

»Der Stein ist weg«

ich in mei-nem Leben an Fal-schem auch ge-tan das
sor-gen sich, wer wälzt uns den Grab-stein bloß weg, doch

rech-net Gott nun sei-nem Sohn Jesus Christus an.
als sie dort ein-tref-fen, be-kom-men sie 'nen Schreck.

Der Stein ist weg, der Zu-gang frei, das
Der Stein ist weg, der Zu-gang frei, die

Le - ben hat ge-siegt! Gott
E - wig - keit bricht an. Und

sel - ber macht uns schul - den - frei, da -
wenn du willst, bist du da - bei, fang

mit der Teu - fel uns nicht kriegt.
doch noch heut mit Je - sus an.

2. Ich lebe mein Leben, mit Freude und Genuss.
   Als Kind hab ich gebetet, vor dem Gute-Nacht-Kuss.
   Doch heute brauche ich nun wirklich keinen Gott.
   Wer sich zu dem bekennt, erntet doch nur müden Spott.
   Vielleicht auch nur dieses mitleidsvolle Gesicht,
   na, und ganz so wichtig ist mir diese Sache nicht.
   Tief in mir ahne ich, dass es Ihn wirklich gibt.
   Ich falte die Hände und er spricht: »Ich hab dich lieb!«

3. Es ist schon lange her, als dieser Streit geschah,
   und seitdem meide ich diesen Menschen, das ist klar.
   Ist er in meiner Näh', bin ich schon halb verstimmt.
   Wie der schon aussieht und wie der sich immer benimmt.
   So ist es zwischen uns schon lange sehr funkstill,
   ich weiß nur nicht, ob Jesus das für uns auch so will.
   Er starb für ihn am Kreuz, so sehr liebt Jesus ihn.
   Ich will einen Neuanfang und gehe zu ihm hin.

Text u. Musik: Christian Flöter; Rechte beim Verfasser

 7. Lied

»Glauben heißt wissen, es tagt« (aus: FJ)

 8.Aktion

(Ein Osterei wird in die Hand genommen.) Ostereier sind weich. Oder süß. Schmackhaft und begehrt.

(Einen Kieselstein in die Hand nehmen.) Solch ein Stein ist das alles nicht. Ein Stein ist hart und schwer und kalt.

»Da ist mir aber ein Stein vom Herzen gefallen«, sagen wir manchmal. Und wir haben das alle schon einmal erlebt: eine schwierige Prüfung, die dann doch bestanden war. Das Kind, das ganz böse stürzte und dann doch unverletzt aufstand.

Aber nicht alle Steine fallen vom Herzen. *(Alle Kinder verteilen an die Erwachsenen Kieselsteine.)*

Sie allein kennen die Steine, die auf Ihrem Herzen liegen. *(Einen Augenblick Stille.)* Meine Glaubenserfahrung: Gott nimmt nicht alle Steine weg, aber er hilft sie tragen. Wenn Ostern kein Griff in die Trickkiste war, sondern Gottes Liebeserklärung an uns, dann werden Sie Gottes Kräfte erfahren.

Nehmen Sie den Stein als Denk-mal-dran-Stein mit nach Hause. Er soll Sie daran erinnern: Gott bringt dicke Steine in Bewegung und er hilft beim Tragen.

9.Glaubensbekenntnis

10. Liedvortrag

»Stolpersteine«

G   D

Man-cher Stein in dei - nem Le - ben ist ein Stol - per - stein

A⁷

und du fragst dich man - ches Mal, wa - rum muss das sein? Du

G   D

är-gerst dich da - rü - ber, dass er dich ge - sto-ßen hat.

A⁷

Da - rin ei - ne Chance zu sehn, das ver - passt du glatt.

G   D

Die Be grenzt-heit dei - nes Da - seins tritt deut - lich her - vor,

A⁷

und schon schleicht sich ei - ne Ein - sicht an dein inn' - res Ohr:

Refrain: D   A⁷   D

Du lebst hier auf Er - den um Got - tes Mensch zu wer - den. Das

ist der Sinn des Le - bens, al - les an - dre ist ver ge - bens.

Herr, ich dan - ke dir für je - den Stol - per - stein. Lass

ihn ein An - stoß auf dein Ziel hin sein.

2. Man geht eben mal zum Arzt, alles nur Routine.
   Da, ein Stirnrunzeln, und schon rollt die Lawine.
   War das mein ganzes Leben? Ist das schon alles gewesen?
   Wo liegt denn da Sinn drin? Hoffentlich werd ich genesen!
   Dein Leben wird zur Achterbahn, du weißt nicht, was geschieht.
   Und im Trubel der Gefühle erinnerst du dich an das Lied:

3. Die Sonne lacht in dein Leben, du lebst deinen Tag.
   Eine kleine Nachricht trifft dich wie ein Schlag.
   Einfach so, aus heitrem Himmel, holt sie dich herab.
   Ein paar Tage später wirfst du Blumen in das Grab.
   Dabei keimt in dir die Ahnung, einmal werde ich es sein
   und grad bei dem Gedanken fällt es dir wieder ein:

Text und Musik: Christian Flöter; Rechte beim Verfasser

 11. Lied

»Das ist das Fest« (aus: Fontäne in blau)

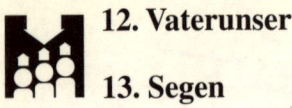 **12. Vaterunser**

13. Segen

(Claudia Filker und Christian Flöter, Musik)

5. Ich sehe was, was du nicht siehst - Ostergottesdienst

Thema:
Den auferstandenen Christus in den Lebens-Blick bekommen

Bibeltext:
Jesu Auferstehung: Markus 16,1-8

Vorbereitung/Materialien:
- Seifenblasen (Pkt. 2)
- Kleiner Tisch, zwei Stühle, Kaffeetassen, Zeitung, Urlaubs-
  prospekte (Pkt. 6)
- Im Gottesdienstraum Ostereier unterschiedlichster Art verstecken (nach Anzahl der Kinder Schokoladeneier in Stan-
  niolpapier, bunt gefärbte Hühnereier, Baisereier, Marzipan-
  eier), Korb (Pkt. 8)

Mitarbeiter:
- Moderator
- Sprecher (Pkt. 2)
- Prediger
- Für die Spielszene: Mann und Frau

 **1. Eingangsmusik**

2. Begrüßung

Moderator geht zum Mikrofon. Schon während des Gehens pustet er Seifenblasen in die Luft:

Guten Morgen. Lieben Sie auch Seifenblasen? Bunt und schillernd. Groß und klein. Aber - ach, wie schade, leider sind sie sehr zerbrechlich und kurzlebig. Gerade entstanden, und schon ist der schöne Traum vorbei. *(Moderator pustet noch einmal Seifenblasen und schaut ihnen nach.)* »Wie gut, dass mein Leben nicht so eine Seifenblase ist, sondern fest ist und Bestand hat ..."

Währenddessen tritt ein anderer Mitarbeiter ans Mikrofon und spricht auswendig die Psalmverse 103,15 + 16:

Vor sehr, sehr vielen Jahren sagte jemand: »Ein Mensch ist in seinem Leben wie Gras, er blüht wie eine Blume auf dem Feld; wenn der Wind darüber geht, so ist sie nicht mehr da, und ihre Stätte kennt sie nicht mehr.«

Der Mensch ist wie eine Pusteblume - also, so ganz weit weg sind wir von der Pustefix-Seifenblase nicht. Gott sei Dank, das ist nicht alles, was wir über den Menschen zu sagen haben. Heute feiern wir Ostern. Der Tod ist entmachtet.

3. Lied

»Wir wollen alle fröhlich sein« (EG)

4. Bewegungslied

»Gott wird Mensch« (aus: DbH)

5. Psalm -Lesung

(Psalm 8 übertragen; wird von einem älteren Kind im Wechsel mit der Gemeinde gesprochen):

Herr, ich seh den Himmel, den du gemacht hast,
den Mond und die Sterne, alles ist von dir.
Sie sind so unfassbar weit weg für mich.
Aber du, Gott, bist so groß, dass du jeden an seinen
Platz stellen konntest.
 Danke, Gott, dass ich das sehen darf.
Herr, ich sehe auch die Menschen.
Du willst, dass sie leben.
Zu jedem sagst du Ja,
so unterschiedlich sie auch sind.
Du stehst zu mir.
 Danke, dass ich das sehen darf.
Du hast uns Menschen die Schöpfung anvertraut und hast gesagt:
»Passt gut darauf auf.«
Die Tiere auf der Erde und die Vögel am Himmel und die Fische im
Meer - alles hast du gemacht.
 Danke, dass ich das sehen darf.
Herr, du guter Gott, wie herrlich ist dein Name auf der ganzen Welt.
Amen.

 # 6. Spielszene

Kleiner Tisch, zwei Stühle, Kaffeetassen. Mann sitzt sehr entspannt und liest Zeitung.

Sie: *(betritt das Zimmer und begrüßt liebevoll ihren Ehemann):* Hallo,
  Schatz! Ich habe dir etwas sehr Schönes mitgebracht!
  (Wedelt mit Papieren vor seiner Nase.)

Er: So, was denn?

Sie: Prospekte. Uuurlaub *(sehr inbrünstig)*.

Er: Stimmt ja, wir haben unseren Sommerurlaub noch nicht geplant.

Sie: Ich habe da auch etwas Wunderbares gefunden: Seychellen! *(Schlägt den Prospekt auf.)*

Er: See- was bitte?

Sie: Schatzi, du kennst doch wohl die berühmten Seychellen! Guck doch mal, sieht das nicht traumhaft aus? Blaues Meer, weißer Strand ... *(hält ihm den Katalog unter die Nase).*

Er: Traumhaft? Auf dem Foto vielleicht. Aber in Wirklichkeit? Du kennst doch die Fernsehsendungen: Scharenweise beschweren sich die Leute, dass es nicht stimmte, was ihnen in den Reiseprospekten versprochen wurde. Disco bis drei Uhr morgens unterm Schlafzimmer, Presslufthammer neben dem Strandkorb. Nee, nee ...

Sie: Aber du kannst doch hier die Bilder der Anlage sehen. Ist doch alles genau getroffen: die zauberhaften Häuser, die Palmen ...

Er: *(lacht spöttisch auf):* Palmen. Ich sehe nur eine einzige Palme auf dem ganzen Bild. Und wer weiß, ob die in Wirklichkeit auch dort steht oder nur reinkopiert wurde. Ist doch technisch alles möglich.

Sie: Du kannst mit deiner Skepsis auch alles mies machen. Hör doch mal, was hier steht: »An einer Sandbucht, inmitten schattiger Pinien und großzügiger Gärten liegt diese Hotelanlage mit 300 Ferienwohnungen."

Er: 300 Ferienwohnungen! Da reiht sich ja eine Betonburg an die andere. Und am Strand liegen alle wie die Heringe.

Sie: Wer redet denn hier von Betonburgen? Nun guck dir die Bilder doch wenigstens an. Ich sehe nur Bungalows. Warum bist du nur so misstrauisch? Ich seh uns schon wieder in unser Pension am Timmendorfer Strand sitzen - wie seit zehn Jahren.
Meine Arbeitskollegin war letztes Jahr auf den Seychellen. Ich sag dir, schon die Ansichtskarte war ein Genuss. Und wie begeistert sie erzählt hat!

Er: Ah, von deiner Kollegin weht der Wind. Nur weil die hinfährt, müssen wir noch lange nicht hinfahren.

Sie: Sag mal, wenn du so dagegen bist, wo möchtest du denn im Sommer hinfahren?

Er: Also, von mir aus könnten wir wieder an den Timmendorfer Strand fahren. War doch auch im vergangenen Jahr wieder so erholsam.

Sie: Ja, ja, vergangenes Jahr und davor das Jahr und davor das Jahr auch.

Er: Stimmt, was ich hab, das hab ich. Da weiß ich, wo ich dran bin.

Sie: Aber wenn du dich nie auf neue Erfahrungen einlässt, wirst du nicht merken, was du bisher verpasst hast.

Er: Was heißt denn hier: verpasst?

Sie: Denk dir, es stimmt wirklich, wie es hier beschrieben ist. Hättest du nicht doch Lust, mal ein neues Land kennenzulernen?

Er: Doch, schon.

Sie: Ich hab eine Idee. Ich besorg uns noch ein paar Bildbände über die Seychellen aus der Bücherei. Dann bekommen wir einen besseren Überblick. Anschließend überlegen wir noch einmal ganz neu. Einverstanden?

Er: Okay, ein bisschen Fernweh bekomme ich schon, wenn ich die Bilder sehe ...

 7. Lied

»Wer Gott folgt, riskiert seine Träume« (aus: FJ)

 8. Kinderaktion

Moderator wendet sich an die Kinder. Je nach Anzahl der Kinder können sie auch nach vorn gerufen werden:

- Was ist Ostern denn sehr wichtig? Klar, die Ostereier!
- Und wer hat heute Morgen schon welche gesucht? ...
- Und wer hat ein ganz besonders schweres Versteck gefunden? ...

Wir haben hier in diesem Gottesdienstraum auch einige Ostereier versteckt.

Kinder laufen los und suchen die Eier. Mitarbeiter hält einen Korb bereit, in dem alle Eier gesammelt werden. Kinder sammeln sich vorne.

Moderator wendet sich an einzelne Kinder, bittet sie, sich ein Ei auszusuchen, und fragt:

Warum hast du dir dieses Ei ausgesucht?

Weißt du denn, was in der Verpackung ist? ...

Der Dialog soll zeigen: Auch wenn die Eier verhüllt sind, wissen wir doch, was sich in der Hülle verbirgt: Schokolade, ein gekochtes Hühnerei, Marzipan usw.

Im Anschluss bekommt jedes Kind ein Ei!

8. Bewegungslied der Kinder

»Felsenfest und stark ist mein Gott« (aus: DbH)

9. Kurzpredigt (Skizze)

a) Prediger spielt das Ratespiel »Ich sehe was, was du nicht siehst« dreimal mit den Kindern (z.B. rote Jacke eines Gastes, grüner Pullover eines Kindes).

- »Ich sehe was, was du nicht siehst« - eigentlich stimmt dieser Satz so nicht. Wir sehen den zu erratenden Gegenstand alle, nehmen ihn jedoch anfänglich nicht wahr.

  Der Sinn des Spieles besteht darin, etwas zu suchen, zu sehen und somit bewusst in den Blick zu bekommen!

- Erste Parallele zum christlichen Glauben ziehen: Ist der Glaube an Jesus Christus auch ein großes »Ich sehe was, was du nicht siehst«-Spiel? Oder: »Ich glaube etwas, was du (noch) nicht glaubst«?

b) Heute feiern Christen Ostern. Gefeiert wird die (zugegeben zunächst unglaubliche) Geschichte: Jesus Christus ist nicht tot im Grab verwest. Gott hat ihn dem Tod wieder entrissen.

- Dieses Ereignis hat Auswirkung für Menschen. Bis zum heutigen Tag. Eine entscheidende Auswirkung: Menschen nehmen dieses Ereignis der Auferstehung in den Blick.

c) Der Osterwunsch: Es wird die Einladung ausgesprochen, den auferstandenen Jesus Christus »in den Blick zu bekommen«.

- Anknüpfung an die Spielszene, Pkt. 5: Beim Glauben wird man von Menschen umworben (Zeugen): Lass dich einladen, betritt ein neues Land, wage neue Erfahrungen.

Bitte schauen Sie doch mal genau hin!

 10. Lied

»Der Herr ist auferstanden« (Kanon, EG)

 11. Fürbittengebet und Vaterunser

 12. Segenslied

»Schalom, schalom, der Herr segne uns« (aus: FJ)

(Michael Braukmann, Dorothee Döbler und Claudia Filker)

6. Beziehungen muss man haben

Thema:
Die Beziehung zu Gott macht mein Leben heil

Bibeltext:
Heilung des Gelähmten am Teich Bethesda: Johannes 5,1-8

Vorbereitung/Materialien:
- Für die Pantomime werden benötigt:
  4 x 2 m lange Paketschnur (zu befestigen am Gürtel des Hauptdarstellers), Kaffeetasse, Aktenmappe, Ordner, Papiere, Ball
- Vorbereitungen für das Kinderprogramm siehe dort

Mitarbeiter:
- 2 Moderatoren,
- Prediger,
- 5 Personen für die Pantomime
- Mitarbeiter für das Kinderprogramm

 **1. Eingangsmusik**

 ## 2. Begrüßung

(2 Moderatoren)

Moderator 1:
Ich kenne jemand, der jemanden kennt, und der kennt einen und der kennt jemand, der hat gesagt: Dort in der ...-Gemeinde ist besonderer Gottesdienst. Da musst du hin. Sind Sie so heute in den Gottesdienst gekommen? Eben mit Beziehungen? Schön wär's ...

Moderator 2:
Tja - Beziehungen muss man haben, dann klappt das Leben. Jedenfalls denken so viele Menschen. Um eine echt gute Beziehung soll es heute in diesem Gottesdienst gehen. Lassen Sie sich überraschen.

Herzlich willkommen! Es ist schön, dass wir heute diesen Gottesdienst miteinander feiern können.

Moderator 1:
Eine Umfrage unter Studenten hat ergeben, dass sich 72% am meisten eine harmonische Gemeinschaft wünschen. Und für 74% waren Ehrlichkeit und Transparenz in den Beziehungen der wichtigste Wert.

Also, Beziehungen stehen ganz hoch im Kurs. Aber: Beziehungen sind ja auch so eine Sache für sich!

Moderator 2:
Je näher man sich kennenlernt und merkt, dass man ist, wie man ist, desto lieber nimmt man wieder Abstand. Es hat einmal jemand gesagt: Christen sind komische Leute. Wenn sie den einen nicht mögen, lieben sie den Nächsten!

 ## 3. Bewegungslied

»Liebe Gott und deinen Nächsten« (aus: DbH)

4. Votum/Gebet

Wir feiern diesen Gottesdienst im Namen des Vaters, des Sohnes und des Heiligen Geistes. Amen.
Ich lade Sie ein, in die Beziehung zu unserem lebendigen Gott zu treten. Wir beten:

Danke, Herr, für die Gemeinschaft, in der wir leben können.
Für die Menschen um uns. Für die, die jetzt rechts und links neben uns sitzen.
Danke, dass wir einander haben!
Danke, wenn wir uns auch manchmal aneinander reiben, damit wir lernen, was lieben heißt!
Danke, dass wir vieles miteinander tun können. Auch Große und Kleine miteinander. Das werden wir in diesem Gottesdienst erleben.
Amen.

5. Bewegungslied

»Immer und überall« (aus: Kilibu)
Zu diesem Lied die Kinder nach vorn holen, um mit ihnen zu singen. Anschließend wird die Gemeinde gebeten, aufzustehen und die Bewegungen mitzumachen.

6. Kinderaktion

Die Kinder, die zum Lied nach vorn gekommen sind, bleiben stehen. Ein Mitarbeiter beginnt mit den Kindern ein Gespräch über Schäfer und Schafe, bei dem deutlich wird, in welcher Beziehung die Schafe und der Schäfer leben:

- Wer hat schon einmal einen Schäfer mit seiner Herde gesehen?
- Hören die Schafe auf ihren Hirten? Erkennen sie seine Stimme?
- Wozu braucht der Schäfer einen Stock und einen Schäferhund?
- Welche Beziehung hat der Schäfer zu seinen Schafen?

Überleitung zu dem Lied »Weil ich Jesu Schäflein bin«.
Die Kinder werden aufgefordert, während des Liedes wie die Schafe
zu »mä-hen« und zu »blöken«.

 7. Lied:

»Weil ich Jesu Schäflein bin« (aus: Kilibu)
   Anregung: Dieses Lied wurde von der Gemeinde Spielberg in ver-
jazzter Version gesungen!

 8. Pantomime: Beziehungswaise

Ein sehr gepflegt (herausgeputzter) Mann steht in der Mitte. Um seinen Bauch sind vier Seile gebunden. Am jeweils anderen Ende des
Seiles sind seine Mitspieler, die kreisförmig um ihn herumgruppiert
sind.

Zu Beginn lässt der *Hauptspieler* seine Mitspieler »springen«. Er
schnipst mit dem Finger, alle hören auf sein Kommando und imitieren
seine Bewegungen: Er hebt die Arme, streckt ein Bein, lässt den
Bauch kreisen usw. Es wird deutlich: Hier hat einer das Sagen.
   Nun nimmt er sich einzelne Mitspieler vor:

1. Mitspielerin:
Hauptspieler zieht sie an ihrem Seil zu sich heran, schnipst wieder
mit seinem Finger und streckt seine Hand aus. Mitspielerin reicht ihm
eine Tasse Kaffee. Hauptspieler trinkt sie hastig, verzieht dabei miss-

mutig das Gesicht, reicht sie der Mitspielerin wieder an und entlässt sie mit einem Klaps auf den Po.

2. Mitspieler:
Hauptspieler holt eine Ordner aus seiner Aktenmappe, blättert, merkt, dass ihm etwas fehlt, und zieht am Seil von Mitspieler 2, »erklärt« ihm die Sachlage. Sofort bringt Mitspieler 2 das Papier. Wird mit coolem Handwinken verabschiedet.

3. Mitspielerin:
Hauptspieler hat offensichtlich Langeweile, zieht am Seil von 3. Mitspielerin, nimmt sie in den Arm und gibt ihr einen Kuss, turtelt noch ein wenig mit ihr. Anschließend schiebt er sie wieder ab.

4. Mitspieler:
Hauptspieler hat wieder Langeweile, zieht am Seil von Mitspieler 4 und wirft ihm einen Ball zu. Dessen Freude am Spiel ist groß. Einige Male geht der Ball hin und her, aber schnell wird es dem Hauptspieler langweilig, und er wirft absichtlich den Ball weit über den Kopf seines Mitspielers. Dabei lacht er schadenfroh. Mitspieler 4 guckt traurig.

Wieder versucht der *Hauptspieler,* alle seine Mitspieler springen zu lassen. Er schnipst mit seinem Finger. Aber diesmal greifen alle vier zu einer Schere, schneiden ihr Seil durch und verlassen die Bühne.

Hauptspieler schaut erschrocken hinterher, betrachtet seine abgeschnittenen Seile und dreht sich um. Die Gottesdienstbesucher lesen das Schild auf seinem Rücken: BEZIEHUNGSWAISE.

 9. Auszug der Kinder (Kinderprogramm)

a) Kinderprogramm für 3-7 Jahre (3 Mitarbeiter)

Einstieg

Gespräch über Ausdrucksformen der Liebe. Wen habt ihr lieb? Wie zeigt ihr das? Zur Liebe gehört Hilfsbereitschaft, manchmal Verzicht.

Lied

»Gottes Liebe ist so wunderbar« (aus: Kilibu)

Spielszene

Zwei Mitarbeiter kommen. Sie sehen eine Schüssel mit Chips und stürzen sich hungrig auf sie. Aber ihre Löffel haben so lange Stiele, dass sie sie nicht zum Mund führen können. Sie versuchen es immer wieder und sind sehr frustriert. Erst nach einiger Zeit kommt einer der beiden auf die Idee, dass sie sich gegenseitig füttern können. So werden beide satt.

Bilderbuchbetrachtung

Mit den Kindern wird das Bilderbuch von Anne Velghe, »Felix und Janina« (Brunnen-Verlag) besprochen: Felix, ein kleiner Hund, hat kein Zuhause mehr. Er wurde einfach ausgesetzt. Doch dann findet er eine neue Familie auf einem Bauernhof. Jetzt muss er nicht mehr allein sein, und alle Tiere freuen sich über den neuen Spielgefährten. Alle außer Janina.

Gebet

Zum Abschluss dürfen die Kinder Chips essen bzw. das Löffelspiel ausprobieren.

b) Kinderprogramm für 7-10 Jahre (2 Mitarbeiter)

Gebet

Lieder

»Er hält die ganze Welt in seiner Hand« (aus: Kilibu), »Vater des Lichts« (aus: DbH)

Spielszene
Streit zwischen zwei Hirten und ihren Herden. Die Kinder spielen die Schafe. Streitpunkt ist, wer zuerst auf die besseren Weideplätze darf.

Gespräch
Wie ist es, wenn keiner nachgeben will und sich jeder im Recht fühlt?

Biblische Geschichte
1. Mose 13: Abraham und Lot

Lied
»Vater des Lichts« (aus: DbH)

c) Kinderprogramm für 11-13 Jahre (1 Mitarbeiter)

Lied
»Herzen, die kalt sind wie Hartgeld« (aus: Kilibu)

Gebet

Einstieg
Mitarbeiter hat Glas mit stark verschmutztem Wasser dabei.

Frage: Wie kann dieses Wasser wieder sauber werden, ohne dass man das Glas ausleert?

Die Kinder vermuten dies und das, bekommen es aber nicht heraus.

Wir gehen zum Waschbecken (oder haben einen Eimer mit sauberem Wasser) und lassen so lange sauberes Wasser einlaufen, bis alles Schmutzwasser ausgespült ist.

Übertragung
Manchmal sammelt sich im Leben eines Menschen viel Schuld, viel »Schmutz« an. Wenn Gott in das Leben eines Menschen hereinwirkt, ist das reinigend wie ein klarer Wasserstrahl.

Es ist gut, sich Gottes Liebe, seinem Geist auszusetzen, dadurch verändert sich das Leben eines Menschen. Und es verändert sich der Umgang eines Menschen mit seinen Mitmenschen.

Geschichte
»Vater Martin« aus: Vorlesebuch Religion 1, Ernst Kaufmann Verlag, Lahr/Verlag Vandenhoeck & Ruprecht, Göttingen, 16. Auflage 1992.

 10. Chorlied/Lied

»Ich lobe meinen Gott« (EG 272)

 11. Kurzpredigt

Ich treffe einen Bekannten, der gut gelaunt seine neue Musikanlage ins Haus trägt. Ganz stolz nennt er den günstigen Kaufpreis. Ich frage erstaunt: »Wie ist denn so was möglich?« Da lächelt er und sagt: »Beziehungen muss man haben.«

Das Konzert ist seit langem ausverkauft. Ich hatte mich vergeblich um eine Karte bemüht. Da treffe ich eine Arbeitskollegin, und die erzählt freudestrahlend, dass sie in der vergangenen Woche noch eine Karte bekommen hat. »Das ist doch unmöglich«, sage ich. »Man muss halt Beziehungen haben«, erwidert sie lachend.

Man muss Beziehungen haben - das geht mir noch länger durch den Kopf. Wenn es darum geht, Waren günstiger zu kaufen, dann sagen uns manchmal Bekannte: »Wenn du mal etwas brauchst ...« Die Vorteile werden einigen Freunden und Verwandten angeboten, andere Leute bleiben ausgeschlossen.

Man muss Beziehungen haben - diesen Satz möchte ich allerdings umfassender verstehen. Nach ihrem Tod fand man im Tagebuch einer alten Frau in einem kleinen Kalender immer wieder zwei Wörter. Tag für Tag, Woche für Woche nur diese zwei Wörter: »Keiner kam.« Keiner kam: Wie viel enttäuschte Hoffnung, wie viel enttäuschte Sehnsucht spiegelt sich in diesen neun Buchstaben! »Keiner kam.« In diesen beiden Wörtern spiegelt sich, was letztendlich zählt. Auf Dauer zählen nicht finanzielle Vorteile, die wir durch Beziehungen haben, auf Dauer kommt es auf vertraute menschliche Beziehungen an. Wenn

69

wir von gewissen Vorteilen ausgeschlossen bleiben, kann das ärgerlich sein. Lebensbedrohlich ist es aber nicht. Wenn allerdings der breite Strom der Kontakte zu vertrauten Menschen zu einem dünnen Rinnsal wird, wenn Beziehungswaisen übrig bleiben, dann ist unser Leben insgesamt bedroht.

Ja, Beziehungen muss man haben. Vertraute Beziehungen zu Menschen, die wir schätzen und die uns schätzen. In Hamburg gibt es ein sogenanntes Trendbüro. Dort will man herausgefunden haben, dass die Zeit des »Ego-Trip« zu Ende geht und Ende der 90er Jahre soziales Denken wieder »in« ist. Schön wär's ja, denke ich. Doch wer will auf kurzlebige Trends bauen? Warum nicht schon jetzt anderen Wärme und Geborgenheit geben, vertrauensvolle Beziehungen aufbauen und pflegen?

Im Neuen Testament wird eine ergreifende Szene geschildert. 38 Jahre liegt ein Mann krank und wartet auf Heilung. Seine dürftige Behausung teilt er mit anderen Kranken an einem Teich in Jerusalem. Diesem Gewässer wird dann und wann heilende Wirkung zugeschrieben. Doch die Wirkung hält immer nur kurze Zeit an. Der Gelähmte kommt nie rechtzeitig, weil ihn niemand zum Wasser trägt. Als Jesus ihn fragt, ob er gesund werden will, antwortet er: »Herr, ich habe keinen Menschen.« Dieser Satz schmerzt so wie die beiden Wörter: »Keiner kam.« Ohne Beziehung zu anderen Menschen sein - das kann bitter, das kann tödlich sein. Doch nun steht Jesus vor ihm.

Früher wurde Jesus öfters als »Heiland« bezeichnet. Gewiss, das klingt ein wenig weich und altmodisch, und doch drückt sich in dem Wort »Heiland« die ganze Absicht Jesu aus. In dem Begriff »Heiland« sind die Worte »Heil« und »Heilung« enthalten. Jesus hat Menschen geheilt. Gewiss nicht alle, aber viele. Auch der Mann am Teich in Jerusalem wurde nach 38 Jahren Krankheit geheilt. Nachdem er Jesus begegnet ist, kann er endlich sagen: »Einer, einer kam, und hat mir wirklich geholfen.« Jesus hat Menschen geheilt und ihnen das Heil angeboten. Alle ohne Ausnahme können nun eine lebendige Beziehung zu Gott gewinnen. Die Leidenschaft seines Lebens besteht darin, Menschen in eine vertrauensvolle Beziehung zu Gott zu bringen.

»Beziehungen muss man haben«, sagen wir. Ja, eine vertrauensvolle Beziehung zu Gott muss man haben. Das ist ein Gewinn, der durch nichts in der Welt aufgewogen werden kann. Wo diese Beziehung gewonnen wird, spricht die Bibel von Heil, von Rettung. Wo diese Beziehung verfehlt oder verweigert wird, spricht die Bibel von einem unendlichen Schaden. Im Neuen Testament heißt es: »Was hülfe es dem Menschen, wenn er die ganze Welt gewönne und nähme doch Schaden an seiner Seele?«

Dass Gott, der das Weltall geschaffen hat, uns Menschen eine persönliche Beziehung anbietet, das ist wirklich zum Staunen. Und selbst dann, wenn unsere Beziehung spröde oder gar abgebrochen ist: Gott ist bereit, von neuem in Beziehung zu uns zu treten.

Die folgende Geschichte kann so etwas wie ein Gleichnis für die Liebe Gottes zu uns Menschen sein. Und zugleich ist sie ein Beispiel dafür, wie wichtig vertrauensvolle Beziehungen sind, die uns helfen, immer wieder neu miteinander anzufangen.

Die Handlung spielt in einer Provinzbahn, die durch schönes Bergland fährt und fröhliche Reisende an ihren Ferienort bringt. Nur in einem Abteil, in dem zwei Herren sitzen, scheint der jüngere alles andere als glücklich zu sein. Sein Mitreisender verwickelt ihn schließlich in ein Gespräch, und der so ernst aussehende, so unruhig und aufgewühlt wirkende junge Mann beginnt zu erzählen.

»Ja, lange habe ich im Gefängnis gesessen«, sagt er. »Jahrelang. Heute Morgen bin ich entlassen worden. Nun bin ich auf der Fahrt nach Hause. Meine Eltern haben mich all die Jahre nicht einmal besucht. Geschrieben haben sie auch nur ganz selten. Ich kann das schon verstehen. Ich habe ihre Liebe aufs Spiel gesetzt. Ich habe mir alles verscherzt. Aber vielleicht haben sie mich auch nicht besucht, weil die Reise so teuer ist. Und Briefe wurden zu Hause nie viel geschrieben. Vielleicht haben sie mir doch verziehen. Ich hasse mich für das, was ich getan habe!«

Er schaut auf den Boden. Dann fährt er fort: »Um es meinen Eltern leichter zu machen, habe ich ihnen in einem Brief vorgeschlagen, sie möchten mir ein Zeichen geben, an dem ich, wenn der Zug kurz hinter der Stadt an unserem kleinen Hof vorbeifährt, sofort erkennen kann, wie sie zu mir stehen. Ich schrieb, wenn sie mir verziehen haben, so sollten sie in dem großen Kirschbaum an der Strecke ein weißes Band anbringen. Wenn sie mich aber nicht daheim haben wollen, dann sollten sie gar nichts tun. In diesem Fall werde ich im Zug bleiben und weiterfahren, weit weg, ganz weit weg. Wohin, weiß ich noch nicht.«

Seine Erregung wird immer spürbarer. Dann nähert sich der Zug seinem Zuhause. Die Spannung in dem jungen Mann wird so groß, dass er es nicht mehr über sich bringt, aus dem Fenster zu schauen. »Bald muss die kleine Brücke kommen, dann die Schranke und dann ... und dann ...« Der andere tauscht schnell den Platz mit ihm und verspricht, auf den Kirschbaum zu achten. Und gleich darauf legt er dem jungen Mann die Hand auf den Arm. »Da ist er!« Er kann es nur noch flüstern, denn seine Stimme versagt ihm, Tränen stehen ihm plötzlich in den Augen. »Alles in Ordnung! Der ganze Baum ist voll weißer Bänder.« Im selben Augenblick schwindet alle Bitterkeit, alle Sorge, alle Angst. Beiden ist es, als hätten sie ein Wunder miterlebt. Und der junge Mann ist nicht wiederzuerkennen, so strahlen jetzt seine Augen.

Amen.

 ## 12. Lied

»Gut, dass wir einander haben« (aus: FJ)

 ## 13. Fürbittengebet

 ## 14. Lied

»So ist Vergebung« (aus: FJ)

 ## 15. Vaterunser und Segen

(Ute Gatz und Team, Horst Punge und Claudia Filker)

7. Man(n) gönnt ihr ja sonst nichts - Man(n) verwöhnt Frau (nicht nur zu Muttertag)

Thema:
Kalendarischer Anlaß *kann* der Muttertagssonntag sein. Es ist ein besonderer Gottesdienst, in dem Frauen (nicht nur Mütter) ein wenig verwöhnt werden

Bibeltext:
Gleichnis von der vierfachen Saat: Matthäus 13,1-9+18-23

Vorbereitung/Materialien:
- Für jeden männlichen Gottesdienstbesucher und jedes Kind ein buntes Tonpapierherz (Zahl der Farben nach Anzahl der Angebote unter Pkt. 8)
- Stühle als Straßenbahnbänke, Schnullerkette, Fläschchen, Aktenkoffer, Blumenstrauß für Spielszene (Pkt. 4)
- Zutaten für die Überraschungen (Pkt. 10)

Mitarbeiter:
- Moderator
- Prediger
- 3 Männer
- ein etwa sechsjähriges Kind
- Kleinkind für Spielszene (Pkt. 4)

1. Eingangsmusik (möglichst eigene Band)

2. Begrüßung

Und heute kommen Sie ganz groß raus!

Ja, um Sie, liebe Frauen, soll es sich heute Morgen in diesem »Etwas anderen Gottesdienst« besonders drehen. Egal, ob Sie Mutter oder Großmutter oder Tochter oder Ehefrau oder Schwester oder Tante oder Freundin oder ganz vieles gleichzeitig sind.

Aber auch die Männer und die Kinder in diesem Gottesdienst werden nicht zu kurz kommen. Versprochen ist versprochen. Sie und ihr dürft nämlich etwas für die Frauen tun - und das ist doch auch etwas Besonderes, oder?

Die Moderation kann hier und an anderen Stellen »Sprüche« über Frauen einfließen lassen, zum Beispiel: »Die Frauen von heute brauchen kein Korsett, weil sie Rückgrat haben.« »Der Mann ist das Familienoberhaupt, aber die Frau ist der Hals, der den Kopf hält.« »Hinter jedem großen Mann steht eine starke Frau.«

3. Votum

Wir feiern diesen Gottesdienst im Namen des Vaters, dem wir unser Leben verdanken - unser Leben als Frauen, als Männer, als große und kleine Leute,

und im Namen des Sohnes, der zu uns auf die Erde gekommen ist, um uns zu zeigen, wie groß die Liebe Gottes zu uns Menschen ist,

und im Namen des Heiligen Geistes, der uns öffnet für Gottes Wirkung in unserem Leben, der uns anstecken will, Liebe zu leben. Amen.

4. Spielszene

Drei Männer sind in der Straßenbahn und kommen miteinander über ihre Frauen ins Gespräch. Die Szene soll die verschiedenen Haltungen von Männern ihren Frauen gegenüber zum Ausdruck bringen.

1. Typ: Macho-like. Er kaut breit sein Kaugummi, dandyhaft gekleidet. Für ihn sind Frauen vor allem ein Augenschmaus und ansonsten gut für eine ordentliche Haushaltsführung, »und dass etwas Ordentliches auf den Tisch kommt«.

2. Typ: Freundlicher Papa, geschmückt mit Schnuller an Schnullerkette, in der Hand ein Fläschchen, wenn möglich kleines Kind auf dem Schoß. Ein schon älteres Kind ist an seiner Seite. Ihm ist es wichtig, seine Frau zu entlasten und ihr zum Beispiel einen freien Nachmittag zu gönnen. Er merkt aber, wie anstrengend die Sache mit der Partnerschaftlichkeit ist.

3. Typ: Sehr gut gekleideter Herr mit Aktenkoffer. In der Hand hält er einen Blumenstrauß und fährt zu seiner neuen Freundin. Seine Ex-Frau mochte eines Tages seine Blumensträuße nicht mehr, die er immer mitbrachte, wenn er so spät - »und das ist ja heutzutage meistens« - aus dem Büro kam. »Aber Karriere wird einem ja nicht gerade geschenkt, oder?«

Das ältere Kind versucht immer wieder, seinem Papa etwas zu sagen, aber die drei Männer ereifern sich so in ihrem Gespäch, dass das Kind nicht bemerkt wird. Zum Schluss zieht es die Notbremse. Die Männer fallen dabei fast von ihren Sitzen, und das Kind schreit durch die ganze Straßenbahn: »Ich will zu meiner Mami!!!«

 5. Lied

»Das ist das Fest, das uns der Herr bereitet« (aus: LL)

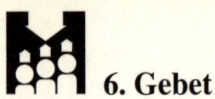

6. Gebet

7. Lieder

»Alles jubelt, alles singt« (aus: MLDL)
»Geh aus, mein Herz« (EG)

8. Aufteilung der Gruppen

Sie haben zu Beginn beim Verteilen der bunten Herzen sicherlich schon geahnt, dass etwas Besonderes in diesem »Etwas besonderen Gottesdienst« mit Ihnen geplant ist. Nach dem Motto »Man(n) gönnt ihr ja sonst nichts« haben wir heute einen Extra-Leckerbissen für die Frauen vorbereitet. Sie, liebe Frauen, dürfen sich entspannen und anregen lassen von dem Referat »Frauen haben Power - Meine Identität als Frau«.

Den Kindern und Männern gönnen wir aber auch etwas ganz Besonderes - jedoch mehr im »Miteinander erleben und etwas tun«. Lassen wir uns alle überraschen!

Jeder hat ein Papierherz ausgeteilt bekommen. Die Farbe des Herzens steht für einen bestimmten Ort in unseren Gemeinderäumen. Ein Mitarbeiter wird Ihnen und euch sagen, was zu tun ist ...

(Männer und Kinder sind 30 Minuten in ihren Gruppen und bereiten die Überraschungen vor. Währenddessen hören die Frauen:)

9. Erzählpredigt

Matthäus 13, Verse 1-9 und 18-23

Ich war unten am See Genezareth. Viele aus unserem Dorf waren dort. Alle wollten Jesus, den großen Meister, hören und sehen. Mein Mann hatte mich mitgenommen. »Komm, dieser Jesus hat etwas zu sagen. Der soll so menschlich reden. Der hämmert nicht pausenlos Gesetze ein. Der erzählt Geschichten. Meine Arbeitskollegen diskutieren darüber oft lange und hart. Komm mit!«

Schon vom Hügel aus sahen wir, dass das Ufer des Sees schwarz von Menschen war. Wir kamen in einen richtigen Volksauflauf. Von dem berühmten Rabbi konnte ich leider nichts sehen. Die Menge hatte ihn geschluckt.

Auf einmal kehrte Ruhe ein. Die umherirrenden Männer und Frauen blieben stehen. Sie richteten ihre Blicke auf den See. Über die Schulter meines Vordermannes und über zahlreiche Köpfe und andere Schultern sah ich ein Boot mit drei Männern. Der eine saß am Ruder, der andere hielt mit dem Paddel das Boot an seinem Standpunkt. Einer stand aufrecht. Es war der Rabbi Jesus, der mit klarer Stimme vom Boot aus eine Geschichte erzählte.

Jesus erzählte die Geschichte eines Sämanns. Anschaulich berichtete er das, was wir jüdischen Bauersleute nur zu oft erleben. Wir mühen uns und plagen uns mit dem Boden und der Saat. Wie enttäuscht sind wir oft, dass nur ein Teil der Saat so weit gedeiht, dass Frucht daraus reift. Aber meist waren dann Sorgen und Ängste unnötig. Wenn die Ernte kam, war es genug. Wir hatten Korn in Fülle.

Dieses häufige Erleben eines Sämanns kam Jesus wohl in den Sinn, als er die vielen Menschen sah, die sich um ihn drängten. Sie wollten Gottes Wort hören. Darum waren sie da. Von Gott wollte der Rabbi erzählen.

Ob alle den Anfang der Predigt richtig gehört hatten? »Hört zu!«, so begann Jesus. Dann folgte eine Gleichnisgeschichte. Ob sich viele nur von der Geschichte mitreißen ließen? Ob sie sich nur freuten, dass dieser Rabbi Jesus so gut ihr zum Teil so vergebliches Tun kannte? Jesus wusste um ihre Arbeit, um Verderben und Gelingen der Saat.

Ich war begeistert von dem Bildwort Jesu. Er sah die Menschen und verglich ihre Herzen mit Ackerböden. Das Wort Gottes fiel wie

Samenkörner hinein. Alle hörten es. Jesus war jetzt der Sämann. Ich sah mich in der Menge um. Da gingen schon einige weg, bevor Jesus zu Ende geredet hatte. In das eine Ohr hinein, zum anderen heraus, so wie der Samen auf dem Weg, der sogleich von den Vögeln gefressen wurde. Aber ich sah und merkte und hörte; die meisten waren begeistert von der Rede des Rabbi. Sie wollten das Wort Gottes behalten, danach leben, davon weitererzählen, es Frucht bringen lassen.

Mein Schwager war in Hochstimmung. Er wollte seinen Nächsten lieben wie sich selbst. Er wünschte sich jetzt ein gutes deftiges Mahl. Er ließ schlachten und braten und lud dazu alle ein, die sich solch ein Festessen nicht leisten konnten. Er sprach dabei von Jesu guter Rede und dass sich doch alle Menschen lieben sollten, keine Härte, kein Streit.

Doch am nächsten Tag war das alles vergessen. Er stritt wieder mit seiner Frau und den Mägden, ungerecht und hart trieb er die Knechte zur Arbeit. In der Tageshitze verdorrten alle gefassten Beschlüsse.

Auch wir hatten gute Vorsätze.

Wir versuchten, die Nöte der anderen zu sehen. Ich nahm teil an den Sorgen der Mägde. Mein Mann gab dem Knecht frei, dass er mit seiner kranken Frau den Arzt besuchen konnte. Wir ließen alles ein bisschen ruhiger angehen mit der Arbeit. Wir hetzten nicht die Mägde und Knechte und uns selbst nicht.

Am Freitagabend kehrten wir nicht mit dem letzten Tageslicht abgeschuftet nach Hause, sondern bereits mittags. Mit Ruhe wollten wir uns für das große Sabbatmahl vorbereiten.

Ich kochte und buk für den Abend und für den nächsten Tag, den Sabbat. Mein Mann putzte die Öllämpchen und kühlte den Wein. Dann machte er sich in Ruhe Gedanken darüber, was er beim Sabbatmahl der Hausgemeinde erzählen wollte. Worte aus der Tora, die er vom Hören der Lesungen der Schriftgelehrten wusste, und Auslegungen und Geschichten, die er vom Erzählen der Rabbis kannte.

Es war eine schöne Zeit des Friedens in unserem Haus. Wir hörten mit Ruhe und Freundlichkeit auf die anderen, und wir hörten am Sabbat gemeinsam auf Gottes Wort.

Leider hielt diese schöne Zeit nicht sehr lange an. Die Gerste stand nicht gut, der Weizen war schon bald nach dem Keimen vom Ungeziefer abgefressen. Wir mussten uns sehr mühen mit Hacke und Unkrautzupfen und mit einer zweiten Aussaat des Weizens. Dazu kam, dass ein Kind kränkelte. Wir hatten alle Hände voll zu tun und Sorgen zuhauf. Vergessen waren gute Worte, vergessen war ein sorgender Vatergott. Plagen, Kummer und Nöte erdrückten all unsere guten Vorsätze, unser Vertrauen auf Gott.

Als mir das schließlich klar wurde, versuchte ich trotz Müdigkeit abends ein Sprechen mit Gott. Ich schindete mir Zeit heraus, um gute, aufmunternde Worte mit meinem Kind zu sprechen, auch mit ihm zu Gott zu beten.

Und als es dann wieder ein bisschen besser wurde mit uns, nahm ich mir auch die Zeit, hinunter ans Meer zu laufen, wenn ich dort Jesus wusste. Ich nahm Fladenbrote und geröstete Weizenkörner mit. Mein Mann steckte mir manchmal noch Schläuche, gefüllt mit Wein, zu, die er auf den Esel lud. So ging ich zu Jesus. Ich wurde auch eine seiner Jüngerinnen. Keine, die mit ihm zog, sondern eine, so oft es ging, Hörende und zu Hause Tätige. Ich gab von dem, was ich hörte, weiter an meinen Mann und die Kinder und dem zu uns gehörenden Gesinde.

Es war etwas Gutes, sich geliebt zu wissen von einem Vater im Himmel, der Sorgen und Nöte kennt und der jeden in sein kommendes Reich aufnimmt, der sich zu ihm bekennt. Ich und mein Haus wollen dem Herrn dienen allezeit. Das nahmen wir uns vor. Wir wollten zu dem guten Boden gehören.

(aus: Lisbeth Haase, Und Lydia öffnete ihr Haus, Rechte R. Brockhaus Verlag, Wuppertal 1993)

Im Anschluss an die Erzählpredigt (10-12 Min.), die möglichst frei gesprochen werden sollte, setzen sich die Frauen in kleinen Gesprächsgruppen zusammen (4-6 Personen) und sprechen über die Predigt. Es liegen ihnen schriftlich die Verse aus Matthäus 13, 1-9 und 18-23 vor.

Folgende Fragen können eine Hilfe für die Gesprächsrunde sein:

- Die Bäuerin sagt: »Plagen, Kummer und Nöte erdrückten all unsere guten Vorsätze, unser Vertrauen auf Gott.« Was hindert mich in meinem Alltag, Gott zu vertrauen?

- Die Bäuerin sagt: »Ich wurde eine Jüngerin von Jesus. Keine, die mit ihm zog, sondern eine ... Hörende und zu Hause Tätige.« Wie vertraut oder wie fern ist mir der Gedanke, mich »Jüngerin von Jesus« zu nennen?

10. Überraschungen für die Frauen

Kinder und Männer stellen ihre Überraschungen vor:

a) Jede Frau bekommt im Saal einen Fruchtcocktail gereicht.

b) Ein Männerchor bringt ein Ständchen. Zum Beispiel »1,2,3 und 4, glücklich bin ich nur mit dir« von den Comedian Harmonists (auch gut als Playback-Auftritt).

c) Männer und/oder Kinder tragen zwei oder drei kleine Gedichte vor.

d) Kinder singen ihren Müttern ein Lied: »Meine Mama ist mein bester Freund« (D.Kallauch, Freunde).

e) Männerballett auf das Lied »Männer« von Herbert Grönemeyer.

f) Für das Mittagessen wurden als Dekoration Tischkarten gebastelt. Zum Beispiel gefaltete Tonpapierkarten, beklebt mit einem Herz aus Wellpappe.

g) Die Tische wurden für das Mittagessen gedeckt, mit Blumen dekoriert und Käsespieße als Vorspeise zubereitet.

11. Abschluss und Gebet

12. Segenslied

»Komm, Herr, segne uns« (EG)

(Ute Gatz)

8. Zutritt - umsonst oder gegen freien Eintritt?

Ein Gottesdienst rund um Noahs Arche

Thema:

Jesus Christus - unsere Eintrittskarte zum Leben

Bibeltext:

Noah und die Sintflut: 1. Mose 6,5-8,22

Vorbereitung/Materialien

- Für jeden erwachsenen Gottesdienstbesucher ein Holzbrett (ca. 15 cm x 8 cm, Holzabfall vom Baumarkt)
- Für jedes Kind eine Tiermaske zum Ausmalen (siehe Kopiervorlage, Pkt. 9)
- Buntstifte/Wachsmalstifte
- Drei große Bilder von Sehenswürdigkeiten aus Barcelona oder vergleichbarer Stadt an der Wand befestigen und an unterschiedlichen Stellen im Gottesdienstraum verteilen (eigene Urlaubsbilder vergrößernd fotokopieren)
- Der Bereich rund um die Eingangstür zum Gottesdienstraum wird mit Papierbögen so gestaltet, dass er ein großes Schiff darstellt, wobei die Tür zum Gottesdienstraum gleichzeitig die Tür in den Schiffsbauch bildet. Mit großen Buchstaben ist darauf geschrieben: Noahs Arche
- Holzsteg und Hammer

Mitarbeiter:

- Moderator
- Prediger
- Wächter mit drei unterschiedlichen Verkleidungen (1. T-Shirt und nach hinten gedrehte Baseballkappe, 2. Kittel und Schirmmütze, 3. Pudelmütze und breite Hosenträger)
- Ehepaar als Touristen (Fotoapparat, Rucksack, Sonnenhut, Sonnenbrille, Stadtplan, Reiseführer)
- Noah
- Mitarbeiter für die Kinder-Malaktion

Beim Betreten des Gottesdienstraumes darf sich jedes Kind eine Tiermaske aussuchen, jeder erwachsene Besucher bekommt ein Holzbrett.

 ## 1. Eingangsmusik
2. Lied

»Echt elefantastisch« (aus: MLDL)

 ## 3. Begrüßung

Guten Morgen. Schön, dass Sie heute gekommen sind. Schön, dass ihr da seid!

»Zutritt umsonst - oder gegen freien Eintritt.« Ein bisschen verrückt, diese Überschrift, nicht wahr? Entweder »umsonst« oder gerade »gegen Eintritt«, so müsste es doch heißen.

Der Eintritt zu diesem Gottesdienst war nicht nur frei, Sie haben auch noch etwas geschenkt bekommen: die Kinder eine Tiermaske *(Moderator hält sich eine Maske vor das Gesicht)* - gleich haben wir damit auch noch etwas Schönes vor - und die Erwachsenen ein Holzbrett. Keine Angst *(Moderator hält sich das Brett vor die Stirn)* es geht heute nicht um das berühmte Brett vorm Kopf.

So ratlos, wie Sie vielleicht vor diesem Holzbrett stehen, so ratlos stand Noah vor seinem Auftrag, im Landesinneren, weit weg vom Meer, ein Schiff zu bauen. Nun, lassen Sie sich von uns mitnehmen auf den Weg, den Noah gegangen ist. Ein Weg, auf dem Noah begriff: Es ist ein Weg des Glaubens.

Wir feiern diesen Gottesdienst im Namen des Vaters, des Sohnes und des Heiligen Geistes.

 ## 4. Lied

»Herr, ich sehe deine Welt« (aus: LL)

 ## 5. Lesung

Noah-Geschichte in Auszügen aus einer modernen Übersetzung oder einer Kinderbibel lesen.

 ## 6. Vortragslied

»Noah baut ein großes Schiff« (MLDL)

 ## 7. Spielszene

Zutritt umsonst - oder gegen freien Eintritt?

Ein Ehepaar, als Touristen erkennbar, betritt die Szene und blickt sich im Gottesdienstraum um.

Sie: Oh, Liebling! Barcelona! *(ausholende Handbewegung, holt tief Luft)* Ist es nicht einfach wunderbar?? Es sieht genauso aus, wie ich es mir immer erträumt habe!

Er: Ja, ja. Du weißt doch, Mausilein: ein Mann lässt sich nicht lumpen. Für dich immer nur Readers Digest - das Beste! Aber nach zehn Jahren Ehe hast du das auch verdient. *(Legt ihr den Arm um die Schulter.)*

Sie: Und ohne Kinder! Wie freue ich mich auf diese Tage! Oh, Liebling, schau doch nur: Die Sagrada Familia! Da will ich hin!

Wächter: *(T-Shirt, nach hinten gedrehte Baseballmütze. Die anderen Verkleidungsgegenstände liegen unter den jeweiligen Bildern bereit. Während das Ehepaar die Bilder betrachtet, legt der Wächter jeweils die alte Verkleidung ab und läuft zum nächsten Bild.)*
Tickets! Hier Tickets! 160 Peseten, der Herr!

Er: *(zückt das Portemonnaie)* Bitte!

Sie: 160 Peseten!? Du meine Güte! Wie viel ist das denn?

Er: Na, so 20 DM. Ganz schön happige Preise haben die hier. *(Beide bestaunen das Bild aus verschiedenen Richtungen und gehen weiter.)*

Sie: Das Schloß von Montjuich! Das möchte ich auch sehen! *(mit dem Finger darauf weisend)*

Wächter: 240 Peseten!

Er: *(Zahlt kopfschüttelnd, schweigend. Ehepaar besichtigt, geht weiter.)*
Schau mal, Mausilein, die Santa Maria. Mit der ist Kolumbus nach Amerika geschippert.

Sie: Das waren Männer! Einfach wunderbar! Was diese Stadt alles zu bieten hat! Los, das nehmen wir auch noch mit.

Wächter: *(zum Ehemann)* 300 Peseten.

Er: Mannomann, gleich haben sie uns ausgezogen. Wenn das so weitergeht, können wir übermorgen heimfahren.

Sie: Was ist denn das? *(Laut und langsam lesend:)* Noahs Arche. Steht darüber etwas in unserem Reiseführer? *(Blättert)* Nichts!

Er: Hier steht auch nirgends etwas über die Öffnungszeiten.
        Aber da ist eine Tür. Vielleicht ist die ja auf.

(Tür öffnet sich, Noah tritt heraus.)

Noah: Womit kann ich Ihnen dienen?
Er: Wir möchten gern Ihr Schiff besichtigen. Es scheint ja eine
        hochinteressante Bauweise zu sein. Bitte, was stellt es ei-
        gentlich genau dar?
Noah: Die Arche.
Er: Ich kenne keine Arche. Unser Reiseführer schreibt auch
        nichts darüber.
Noah   Sie kennen die Arche nicht?
Sie: Na ja, die aus der Bibel kennen wir schon.
Noah   Sehen Sie, sie kennen sie doch.
Sie: Haben Sie denn hier die Arche aus der Bibel nachgebaut?
        Das ist ja interessant. Das muss ich mir aber unbedingt an-
        schauen.
Noah: Dazu brauche ich erst Ihre Eintrittskarte.
Er: Aber die haben wir doch noch nicht. *(Sehr sicher und jovi-
        al:)* Aber Sie können uns sicher eine verkaufen. Zwei Er-
        wachsene bitte.
Noah: Die Karten kosten nichts.
Er: Wie bitte? Umso besser. Dann können wir ja hinein. *(zur
        Frau gewandt)* Ein bisschen viel Sonne abbekommen, der
        alte Herr.
Sie: (zu Noah) Es wird doch wohl möglich sein, dieses Schiff zu
        besichtigen.
Noah: Selbstverständlich, meine Dame, das ist möglich. Es ist so-
        gar in unserem großen Interesse.
Er: *(mühsam beherrscht)* Und wie kommen wir nun an die Ein-
        trittskarten? (zur Ehefrau) Der raubt mir meinen letzten
        Nerv!
        (Noah beiseite nehmend) Also hören Sie, meine Frau und ich
        machen zum ersten Mal seit Jahren wieder Urlaub. Ich will
        aus den Tagen das Optimale rausholen. Also: Hier haben Sie
        300 Peseten, und jetzt lassen Sie uns hinein. *(Hält   Noah
        drei Scheine vor die Nase)*

Noah:	*(Schüttelt* den Kopf)
Er:	Also, gut, 4oo *(hält einen Schein mehr hin).*
Noah:	*(Schüttelt bedächtig den Kopf.)*
Er:	Mein letztes Wort: 500 Peseten. Aber dann ist Schluss. Ihr versteht zu handeln, ihr hier im Süden, da können wir uns eine Scheibe von abschneiden *(klopft Noah auf die Schulter).*
Noah:	Mein lieber Mann, es gibt Dinge zwischen Himmel und Erde, die bekommen Sie nicht für alle Schätze dieser Welt. Hier geht's nicht um Geld. Der Eintritt ist frei, wenn Sie eine Eintrittskarte haben. Und die Eintrittskarte: das sind Ihr Glaube und Ihr Vertrauen zu Gott.
	Diese Arche gibt ein Stück von Gottes Reich auf dieser Erde wieder. Und um zu Gott zu kommen, da nutzen Ihnen all Ihre Peseten nichts. Da müssen Sie den Schritt des Glaubens auf Gott zu gehen. Vertrauen Sie sich Gott an. Er hat den besten Überblick über Ihr Leben!
Er:	*(zu seiner Ehefrau)* Komm, wir gehen besser. Die Sache gefällt mir nicht.
Sie:	*(zu Noah)* Das ist hier nichts für uns. Wir gönnen uns jetzt eine Sangria, und dann bummeln wir noch durchs Gotische Viertel.
	(Ehepaar tritt ab. Noah schließt die Tür.)

 8. Überleitung

(Hinter der Tür erklingen laute Hammerschläge, dann öffnet sich die Tür, und unter lautem Poltern wird ein Holzsteg ausgelegt. Moderator:)

Noah hat die Tür zu seiner Arche geöffnet. Alle Kinder, die gern ein Tier spielen möchten, sind herzlich eingeladen.

Jetzt will ich doch einmal schauen, welche Tiere wir hier haben: Da seh ich einen Elefanten, einen Esel, ein Löwe ist auch dabei ...

Helfen wir Noah doch mit einem Lied, die Tiere ins Schiff zu bringen.

9. Kinderlied und Auszug der Kinder

»Noah, Noah, bring die Tiere schnell in dein Schiff« (aus: MLDL)
Der Refrain wird eingeübt.

Und jetzt werden alle Tiere aufgerufen: Als erstes gehen die Elefanten und die Löwen in die Arche. Wenn ihr eine Elefanten- oder eine Löwenmaske habt, steht schon einmal auf und stellt euch in den Gang *(Strophe 1 singen, Strophe erweitern um zusätzliche Tierpaare entsprechend den aufgerufenen Masken. So ziehen alle Kinder aus dem Gottesdienstraum aus. Während der Kurzpredigt bemalen die Kinder ihre Tiermasken.)*

10. Kurzpredigt

Arche Noah und die richtige Eintrittskarte

Glücklich haben Sie einen der seltenen Parkplätze vor Aldi erwischt. Nun stehen Sie vor der Einkaufswagen-Schlange. Angekettet. Jeder Wagen erbarmungslos angekettet. Da nützt kein Rütteln und kein Schütteln. Sie brauchen ein Markstück. Oder einen Chip. Aber - wer hat den schon?

Bei uns zu Hause bin ich für den Einkauf zuständig. Und Schaden macht klug - ich habe immer eine Mark in der Hosentasche *(holt eine Mark aus seiner Hosentasche und zeigt sie hoch)*. Meine Eintrittskarte bei Aldi.

(Dann nimmt er ein größeres Brett in die Hand.) So ein Brett kann auch eine Eintrittskarte sein. Zugegeben - normalerweise sehen Eintrittskarten oder Berechtigungsausweise etwas anders aus *(zieht sein Portemonnaie aus der Tasche)*.

Und inzwischen haben ja fast alle solche Ausweise, das nette Plastikeinheitsformat:

eine *Bahncard* - und Sie können durch ganz Deutschland zum halben Preis fahren,

eine *Bankkarte* - damit Sie rund um die Uhr an Ihr Geld oder an das der Bank herankommen, eine *Kreditkarte* - damit Sie jederzeit bargeldlos einkaufen können und die 500 DM für den neuen CD-Player erst sechs Wochen später abgebucht werden.

Oder haben Sie sich schon einmal die Mühe gemacht, in eine besonders begehrte Veranstaltung zu kommen? Stundenlanges Anstehen nimmt man gern in Kauf. Aber leider, leider - die zwanzig Karten für den freien Verkauf sind leider schon weg. So ist das eben: ohne den jeweils richtigen Berechtigungsnachweis läuft nichts.

In der Geschichte von Noah geht's auch um die richtige Eintrittskarte.

Dieses Stück Holz ist nicht das »Brett vorm Kopf« des Noah. So dachten die Leute. Der muss ja ein Brett vorm Kopf haben, dass der hier auf dem Festland anfängt, ein Schiff zu bauen.

Dieses Stück Holz war Noahs Eintrittskarte zum Leben. Denn »Gott sah, wie schlecht die Menschen zueinander waren, wie ihr Inneres von bösen Gedanken zerfressen war. Da reute es Gott, die Menschen geschaffen zu haben«.

Ja, es gab für Gott ein Zuviel, eine Grenze. Wir treffen hier nicht auf den »lieben Gott«, wie er so oft bezeichnet wird. Wir treffen auf einen harten Gott, einen Gott, der beschließt, alles Leben von der Erde zu nehmen. Er lässt nicht alles zu. Er zieht Konsequenzen. Er ist nicht ein lieber Gott.

Aber er ist ein liebender Gott. Und daher stellt er einen Raum zum Überleben zur Verfügung: die Arche. Dort hat Zugang, wer die richtige Eintrittskarte besitzt.

»Noah war fromm und ohne Tadel. Er wandelte mit Gott.« Das war seine Eintrittskarte. Er hielt sich zu Gott. Und Gott hielt zu ihm. Und was ist unsere Eintrittskarte heute? Wo ist unser Raum zum Überleben?

»Also hat Gott die Welt geliebt, dass er seinen eingeborenen Sohn gab, damit alle, die an ihn glauben, nicht verloren werden, sondern das ewige Leben haben.«

Klare, deutliche Worte.

(Der Prediger nimmt noch einmal das Holzbrett.) Solch ein Holzbrett war Noahs Eintrittskarte zum Leben. An solch einem Holz hing Jesus Christus.

Nicht umsonst. Sondern damit wir freien Eintritt bei Gott haben.

Amen.

11. Einzug der Kinder

Mit der 3. Strophe des Liedes »Noah, Noah« kommen die Kinder wieder herein.

 ## 12. Gebet und Vaterunser

 ## 13. Lied

»Als Zeichen des Bundes« (siehe Seite 91)

 ## 14. Glaubensbekenntnis

Gott hat mit uns einen Bund geschlossen. Wir können uns zu diesem Bund bekennen. Ich lade Sie deshalb ein, gemeinsam das Glaubensbekenntnis zu sprechen.

 ## 15. Vortragslied

»Herr, ich sehe deine Werke« (aus: LL)

 ## 16. Segen

(Michael Braukmann, Dorothee Döbler und Claudia Filker)

Refrain:
Als Zei-chen des Bun-des zwi-schen dir und uns setz-test
du dei-nen Re-gen-bogen ein. Und mit sei-nem hel-len Licht, das sich in
bun-ten Far-ben bricht, kommst du auch heut in un-ser Leben hi-nein.

2. C nach der letzten Strophe
heut in un-ser Le-ben hi - ein.

1. Rot steht für die Lie-be, die du uns täg-lich schenkst und mit der du uns auch in Schuld und
Zwei-fel um-fängst, mit der du uns ver-söhnst, trös-test und hebst und
die du uns zum Wei-ter-ge-ben ver-teilst.

2. Grün, das ist die Hoff-nung, die uns le-ben lässt, weil du uns, was auch ge-sche-hen mag,
nie-mals ver-lässt, die Hoff-nung auf dein Reich, das dort be-ginnt, wo wir Ge-
schwis-ter in dei-ner Lie-be sind.

91

3. Gelb er-strahlt die Son-ne und schenkt uns das Licht, wenn sie am Mor-gen die Dun-kel-heit der Nacht durch-bricht. Blau ist der Him-mel, der uns, groß und weit, mehr als Wor-te er-zählt von dei-ner Herr-lich-keit.

4. Mit all den Far-ben schmückst du un-ser Le-ben aus wie ei-ne Blu-men-wie-se und wie ei-nen bun-ten Strauß, und wenn auch an man-chen Ta-gen al-les grau aus-sieht, sing ich dir trotz-dem die-ses fröh-li-che Lied.

Text u. Musik: Rüdiger Gebhardt; Rechte beim Verfasser

9. Farbe kommt in dein Leben

Dem Gottesdienst liegt eine Idee aus dem leider vergriffenen Bilderbuch »Viertelland« von Gina Ruck-Pauquèt zugrunde. Mit freundlicher Genehmigung der Autorin.

Thema:
Der Glaube an Gott bringt Vielfalt in das Leben eines Menschen; der Glaube an Gott ermöglicht Perspektivenwechsel

Bibeltext:
Die Berufung des Zöllners Matthäus: Matthäus 9,9-10

Vorbereitung/Materialien:
- Aufbau der Bestuhlung oder Gliederung der Sitzbänke in vier klar voneinander getrennten Vierteln. Jedes Viertel bekommt seine Farbe: Rot, Gelb, Grün, Blau
- Umgrenzung der Viertel mit entsprechendem Krepppapier (wenn räumlich möglich)
- Markierung der einzelnen Sitzplätze mit einer großen Schleife des passenden Krepppapiers
- Weiterer Raumschmuck aus großen geometrischen Formen, Luftballons, Blumen
- Unter Umständen Spruchband mit großen farbigen Buchstaben aus Tonpapier: »Farbe kommt in dein Leben«, im Gottesdienstraum vorne aufgehängt

- Je ein farbiges Stück für jeden Gottesdienstbesucher: aus Krepppapier gefertigte geflochtene Haarkränze und Armbänder (nach »Hexentreppen«-Technik) oder große Schleifen, auseinandergezupfte Papierservietten für Hemd- oder Jackentasche, Papphüte (Pkt. 7)
- Für den Maler ein großer Papierbogen, Farbtöpfe, Pinsel oder Ölkreiden, gegebenenfalls eine Staffelei (auch Kindertafel, Pkt. 8)

Mitarbeiter:

- Moderator
- Für die Spielszene:
  Fernsehmoderator, 4 Eltern mit Kind(ern)
- Prediger
- Maler
- Mitarbeiter für Pkt. 12

1. Eingangsmusik
2. Bewegungslied für die Kinder

»1 - 2 - 3 - hier geht es rund« (aus: DbH)

3. Begrüßung

(in Anspielung auf die farblichen Viertel:)

Guten Morgen,
Sie und ihr habt's gemerkt: Heute Morgen geht's hier bunt zu. Für welche Farbe haben Sie sich entschieden? Für Ihre Lieblingsfarbe Gelb oder Grün oder Blau oder Rot? Ach, vielleicht ist Ihre Lieblingsfarbe

nicht dabei. Oder die roten Stühle waren schon besetzt. Wie auch immer ... es wird bunt zugehen heute Morgen, und ganz neue Farben werden noch ins Spiel gebracht.

Wir feiern diesen farbenfrohen Gottesdienst im Namen des Vaters und des Sohnes und des Heiligen Geistes. Amen.

 ## 4. Lied

»Lobe den Herrn, meine Seele und seinen heiligen Namen« (aus: FJ)

 ## 5. Psalmlesung

Lobe den Herrn, meine Seele,
und was in mir ist, seinen heiligen Namen!
Lobe den Herrn, meine Seele,
und vergiss nicht, was er dir Gutes getan hat:
der dir alle deine Sünde vergibt
und heilet alle deine Gebrechen,
der dein Leben vom Verderben erlöst,
der dich beschenkt mit Gnade und Barmherzigkeit.
Barmherzig und gnädig ist der Herr,
geduldig und von großer Güte.
Auch wenn wir gesündigt haben,
so vergilt er doch nicht Gleiches mit Gleichem.
Denn so hoch der Himmel über der Erde ist,
gibt er Gnade denen, die ihn ehren.
Wie sich ein Vater über Kinder erbarmt,
so erbarmt sich der Herr über die, die ihn ehren.
Lobe den Herrn, meine Seele!

(aus Psalm 103, nach der Übersetzung Martin Luthers)

6. Lied

»Gott, mein Herr, es ist mir ernst« (aus: LL)

 7. Kinderaktion

Die Kinder werden nach vorne gebeten. Dort bekommen sie rote, grüne, gelbe und blaue »Utensilien«, die sie in den jeweiligen Vierteln verteilen. Jeder Gottesdienstbesucher bekommt etwas in »seiner« Farbe (siehe Kasten).

 8. Spielszene und Malaktion

Das Fernseh-Interview

(Interviewer, geschniegelt, pomadiges Haar mit Mittelscheitel, Handmikrofon)

Interviewer:	Guten Tag, meine Damen und Herren! Ich begrüße Sie wieder einmal zu unserer Talkshow vor Mittag: »Leute von heute - wer hätte das gedacht«!

Für die Zuschauer am Bildschirm, die mich noch nicht kennen:

Brinkmeyer! Otto Brinkmeyer ist mein Name!

(leise zum Publikum) Wo bleibt der verabredete Applaus?

Danke! Danke!

Nun, heute haben wir das Thema: »Leben Leute wie du? Oder leben sie wie ich? Oder leben sie wie ...«

Na, wir werden ja sehen. –

Darf ich nun meine Gäste nach vorn bitten!

(Vier Elternteile mit ein oder zwei Kindern kommen nach vorn und werden begrüßt. Sie sind ganz in ihren Farben gekleidet. Kinder eventuell mit farblich passendem Kuscheltier oder Spielzeug.)

Moderator (wendet sich an Familie Gelb):
> Ja, Familie Gelb, mich würde interessieren, wie sieht es denn bei Ihnen in Ihrem Viertel aus?

Elternteil und Kind (antworten abwechselnd):
> Bei uns ist einfach alles wundergelb. Die Straßen sind gelb und die Häuser, alle Autos sind Postautos. Natürlich sind auch die Dachziegeln gelb und die Schornsteine, sogar unsere Zahnbürsten ...

Interviewer: Ja, und was wird bei Ihnen gegessen?

Familie Gelb: Natürlich Zitronen und Bananen, Vanillepudding und Zitronenlimonade, Zitronenbonbons, Zitronenkuchen, Zitronenmilch, Zitro ...

Interviewer (unterbricht etwas ungeduldig):
> Sehr originell. Vielen Dank! Nun zu meinen nächsten Gästen.
>
> Ich sehe, Sie kommen aus dem roten Viertel. Wie begrüßen Sie sich eigentlich?

Familie Rot: Wir sagen »Roten Tag« *(dabei wird dem Interviewer kräftig die Hand geschüttelt)* oder: »Ich hoffe, es geht Ihnen rot?« Und wenn jemand sehr traurig ist, trösten wir ihn: »Und morgen wird alles wieder rot.« *(Dem Interviewer wird dabei über den Kopf gestrichen und die Haare verwuschelt. Sehr verärgert wendet er sich ab, geht etwas zur Seite und kämmt sich.)*

Interviewer: Ja, ja, ich verstehe ... *(wendet sich Familie Grün zu).* Und wie geht's bei Ihnen zu? Wovon träumen Sie denn nachts?

Familie Grün (antwortet im Wechsel):
> Wir träumen von grünen Wäldern und saftigen Wiesen. Von grünen Marsmännchen, und manchmal quakt es auch in unseren Träumen.

Interviewer: Und welche Berufe erlernt man bei Ihnen?

Familie Grün: Bei uns gibt es Polizisten und Gärtner, Förster und Jäger.

Interviewer: Haben Sie auch ein bestimmtes Hobby?

Eltern Grün: Aber ja, ich male leidenschaftlich gern. Natürlich alles in grün. In Flaschengrün, Hellgrün, Smaragdgrün, Mintgrün, Olivgrün. Na, Sie verstehen schon. Und so entstehen die wunderbarsten Bilder: grüne Bäume, grünes Gras, grüne Wolken, grüne Sonne - es ist wunderbar.

Interviewer (zögernd):

Ah, ja. Die Bilder stelle ich mir sehr interessant vor. Haben Sie auch schon einmal Menschen aus dem anderen Viertel besucht?

Familie Grün (reagiert mit großer Empörung):

Die anderen Viertel? Wo denken Sie hin! Da soll es ja ganz fürchterlich aussehen. Nichts Grünes! Nein, danke!

Interviewer (nachdenklich, wendet sich Familie Blau zu):

Hm, wie ist es denn bei Ihnen? Telefonieren Sie schon einmal mit jemandem aus dem anderen Viertel?

Familie Blau: Nein, unsere Telefonleitungen gehen nur bis zum Ende unseres Viertel.

Interviewer: Welche Lieder singen Sie denn so bei Ihnen?

Familie Blau (singt im Wechsel):

Blau, blau, blau blüht der Enzian ...

Blau, blau, blau sind alle meine Kleider ... *(Kind singt eine Strophe)*

Blue spanish eyes ... *(Elternteil singt)*

Interviewer: Aber vermissen Sie denn nicht andere Farben?

Familie Blau: Aber wieso denn? Eine gelbe Sonnenblume sieht doch total bescheuert aus. Und grünes Gras erst. Iih, wie scheußlich! Pommes mit rotem Ketchup - total ekelig. Und überhaupt - *(Familie Blau krempelt sich die Ärmel hoch)* wissen Sie eigentlich, dass in unseren Adern blaues Blut fließt? *(strecken gewichtig ihre Arme aus)*

Interviewer: Nun, ich darf mich zunächst bei meinen Gästen ganz herzlich bedanken. Vielleicht ein kleiner Applaus? *(Familien Rot, Grün und Blau treten ab)*.

Ach, da fällt mir gerade ein *(wendet sich Elternteil Grün zu)*: Sie malen doch. Würden Sie uns die Freude machen und uns eine kleine Kostprobe Ihrer Malkünste zeigen?

Eltern Grün: Aber gern. Doch wie gesagt - ich male alles in Grün.

Malaktion

(Grün geht zur Staffelei und beginnt ein Bild mit einem grünen Öl-kreidestift oder Ähnlichem zu malen. Kind Grün reicht weitere Grün-stifte an.)

Grün: Hier male ich grünes Gras. Und nun eine Eiche in einem anderen Grünton. Und jetzt eine grüne Sonne.

(Während der Baum gemalt wird, tauscht das Kind der Familie Gelb den grünen Stift heimlich gegen den gelben aus. Das grüne Kind reicht verschmitzt den gelben Stift weiter.)

Grün   *(erregt):* Aber, aber ... was ist denn das? Das ist ja Gelb! Oh, wie scheußlich! Jetzt ist ja fast das ganze Bild verdorben.

(zu sich sprechend): Was mach ich nur? Na, für den See nehm ich wieder grün *(in der Zeit hat Kind Blau Farben getauscht).*

Was ist denn nun schon wieder - blau statt grün! Ein blauer See!

(zum Kind Grün gewandt): Nun gib mir aber wirklich grün für die Blumen!

(Kind Rot hat ebenfalls Farben getauscht)

Rooote Blume! Jetzt ist das Bild aber bunt geraten.

(Tritt einen Schritt zurück und betrachtet nachdenklich das Bild): Also, wenn ich es mir so recht betrachte - eigentlich gar nicht übel ...

9. Lied

»Herr, gib mir Mut zum Brückenbauen« (aus: Mein Liederbuch für heute und morgen, tvd-Verlag, Düsseldorf, 9. Auflage 1994)

10. Kurzpredigt

Kein Zweifel: Farben spielen heute in unserem Gottesdienst eine große Rolle. Hier sehe ich einen Teil mit vielen blauen Luftballons und Schleifen an den Stühlen, dort tragen alle Besucher roten Schmuck. Hier ist alles grün und dort gelb. Aber es fällt doch auf: Bunt ist es nicht!

Jede Farbe bleibt in ihrem Teil.

Ist das denn möglich, dass Menschen nur eine Farbe mögen, so wie die Familien in unserer Spielszene? Gelb, wohin das Auge blickt, nur Rot macht glücklich und »grün, grün, grün ist alles, was ich liebe«?

Da können wir doch nur milde drüber lächeln. Sie und ich, wir haben keine Schwierigkeiten, uns mit vielen Farben zu kleiden und zu umgeben. So einseitig ist doch keiner.

Aber unser Leben in klar abgegrenzten Feldern zu leben, das kennen wir auch.

Wir haben es uns gut eingerichtet in unserem Leben. Schön abgegrenzte Felder. Jeder von uns hat seinen Lebensstil. Wir haben uns Muster gebaut, nach denen wir ganz gut leben können.

Solche Muster helfen uns, Ordnung in unseren Alltag zu bringen. Aber solche Muster können uns hindern, Neues zu entdecken und Neues zu erleben.

»Der war schon immer so; den änderst du nicht mehr.« So sagen wir vielleicht. Stimmt, wir ändern die anderen nicht, sollen wir auch nicht. Veränderung muss von jedem selbst ausgehen.

Aber wie halten Sie's mit diesem Satz: »Ihr müsst mich schon so nehmen, wie ich bin!« Oder: »So bin ich nun mal, daran kann ich nichts ändern.«?

Wo ich es aufgebe, an mir selbst zu arbeiten - wo ich aufgebe, dass ein anderer sich verändern kann - da habe ich mich und auch den anderen aufgegeben. Da endet häufig auch eine Beziehung. Und die Grenzziehungen sind klar: »Wenn du nicht ..., dann ich schon gar nicht!«

Für Christen ist Jesus ein Grenzgänger, einer, der nicht Linien zieht, nicht aufhört, Beziehungen zu jedem einzelnen Menschen zu knüpfen. Zu seiner Zeit gehörten die Zöllner zu einer Bevölkerungsgruppe, um die eine klare Grenze gezogen wurde. »Mit denen haben wir nichts zu tun«, »solche Menschen haben verspielt«.

Und verständlich ist es. Paktierten doch die Zöllner mit den feindlichen Römern, der Besatzungsmacht. Der Zoll wurde nach Lust und Laune der eigenen Brieftasche festgelegt - und so wurde kräftig in die eigene Tasche gewirtschaftet.

Zöllner - nein, danke!

Und Jesus? Eines Tages kommt er an einem Zollhäuschen vorbei. Seine Taschen sind leer. Zu verzollen hat er nichts.

Aber eine wichtige Nachricht für Matthäus, den Zöllner in seinem Häuschen, hat er. »Folge mir nach!« So viel hat er zu sagen. Oder so wenig.

Ja, es liegt an uns, was wir aus den Worten von Jesus in unserem Leben machen. Ob es viel oder wenig ist. Es liegt jetzt an Matthäus, ob er die Chance ergreift, den Weg mit Jesus zu gehen.

Matthäus steht auf und folgt Jesus nach. Wir erfahren nichts darüber, welche Lebensumstände Matthäus zu diesem Schritt bewogen haben oder ihn fast verhindert hätten. Entscheidend ist nicht, woher wir kommen, sondern wohin wir gehen. Im Glauben. Mit Gott. Ab heute.

Wir können ermessen, welch radikale Lebensänderung Matthäus vollzogen hat. Aufstehen und mit kräftigem Pinselstrich neue Bilder malen lassen von Jesus. Matthäus hat's gewagt. Er gehörte nicht mehr zum Kreis der ausgegrenzten Zöllner, von nun an gehörte er zum Jüngerkreis Jesu.

Ich habe es in meinem Leben selbst erfahren, wie ich eingefahrene Denkgleise, alte Lebensmuster losgelassen habe. Ich habe erlebt, wie ich plötzlich Menschen in einem völlig veränderten Licht sehen konnte, Menschen, die ich früher achtlos an den Rand gedrängt hätte. Durch Jesus ist Farbe in mein Leben gekommen.

Gott ist nicht der Farbtupfer, das I-Tüpfelchen auf einem Lebenskonzept, sondern eben der, der die Farben ganz neu mischt.

Eigentlich wissen wir: Schwarz ist keine Farbe. Schwarz ist der Tod, den Jesus schmecken musste. Für uns. Für unsere Beziehungsunfähigkeiten. Die Bibel spricht von Sünde. Ein altmodisches Wort, aber leider noch hochaktuell, weil es die Trennung der Menschen von Gott beschreibt.

Mit zwei Farben malt Gott besonders kräftig:

Rot: Gott hat es sich viel kosten lassen, die Beziehung zwischen sich und uns Menschen wiederherzustellen. Tränen sind geflossen, Schweiß ist gelaufen und Blut - damals, am Kreuz auf Golgatha.

Mit *Grün* malt Gott kräftig. Grün ist das Leben. Und das Leben ist das letzte Wort Gottes für uns. Für seinen Sohn, den er aus dem Tod herausgeholt hat. Für uns, die wir leben von der Hoffnung, dass mit dem Tod nicht alles zu Ende ist.

Es ist wirklich wahr: Farbe kommt in dein Leben, wenn der Meistermaler malt.

 11. Lied

»Der Meistermaler« *(möglichst als Vortragslied)* (aus: FJ)

 12. Kinderaktion

Kinder werden nach vorn gebeten. Ein Mitarbeiter überlegt gemeinsam mit den Kindern, was sich bei den Gästen verändern könnte. Natürlich - sie sollen sich mischen. Die Kinder beginnen die Erwachsenen umzusetzen. Um eine zu große Unruhe zu vermeiden, können auch die Verkleidungsteile einzelner Gottesdienstbesucher von den Kindern ausgetauscht (Haarband, Armband usw.) und die Schleifen an den Stühlen getauscht werden.

Mit den Kindern (und Erwachsenen?) erarbeiten, was Gott sich für Änderungen bei uns Menschen wünscht, welche eingefahrenen Gleise wir verlassen sollen. Vorschläge von Kindern sammeln, als Gebetsanliegen unter Pkt. 13 vortragen.

 **13. Gebet**

(Siehe Pkt. 12)

 14. Segenslied

»Schalom, schalom, der Herr segne uns« (aus: FJ)

 15. Segen

(Eva Irian und Team, Claudia Filker und Dorothee Döbler)

(Der Bilderbuchtext ist veröffentlicht in: Ostern - spielen und erzählen, herausgegeben von I. Ryssel/D. Steinwede, Gütersloher Verlagshaus 1997)

10. Schmetterlingsgedanken

Thema:
Ein Mensch, der Gott mit seinen Möglichkeiten in sein Leben einbezieht, schöpft seine menschlichen Möglichkeiten erst richtig aus

Bibeltext:
»Ist jemand in Christus, so ist er eine neue Kreatur; das Alte ist vergangen, siehe, Neues ist geworden.« (2. Korinther 5,17)

Vorbereitung/Materialien:
- Große Pappe mit Geschenkpapier bekleben (Motiv »Blumenwiese«)
- Bunte Papierschmetterlinge basteln (siehe Kopiervorlage), auf die Rückseite Quizfragen »Rund um den Schmetterling« schreiben und mit Stecknadeln an die Wiese heften (Pkt. 5)
- Holzlattengerüst mit grünem Stoff bespannen, hinter zwei nebeneinander stehenden Tischen befestigen, bunte Pappblumen basteln und auf die Tische stellen (= Blumenwiese), Eule, Schmetterling und Raupe aus Tonpapier basteln und an Stäben befestigen (Pkt. 7)

Mitarbeiter:
- Moderator
- Prediger
- 3 Stabpuppenspieler
- Erzähler

1. Begrüßung

Unser Gottesdienst hat das Thema »Schmetterlingsgedanken«. Sind Sie neugierig und gespannt? Oder eher skeptisch abwartend - was hat denn dieses Thema mit einem Gottesdienst zu tun?

So ein Schmetterling führt ein verrücktes Leben. Dreimal verändert er sein Äußeres so sehr, dass man nicht mehr glauben kann, dass es sich um ein und dasselbe Tier handelt:

Erst geht er als Raupe auf verfressene Wanderschaft. Nichts Grünes ist sicher vor ihr, und sie futtert sich zum Ärger der Gärtner durch die Gärten.

Dann verpuppt sie sich. Eine Raupe hat es im Gefühl, wann es Zeit für sie wird. »Adieu, du schöne Welt« - sie zieht sich zurück, ist für niemanden zu sprechen, wirkt fast wie tot und bereitet sich dabei auf ein kleines Wunder vor:

Vorsichtig werden die Fühler das erste Mal ausgestreckt, die herrlich eingefärbten und gemusterten Flügel entfaltet. Sie ist am Ziel: ein Schmetterling ist geboren.

»Schmetterlingsgedanken« für unser Leben - wir werden sehen!

 2. Lied

»Schön, dass du da bist« (Kanon, aus: DbH)

 3. Gebet

 4. Lied

»Wäre ich ein Schmetterling« (aus: MLDL)

5. Kinderaktion: Schmetterlingsquiz

Die Kinder nach vorn rufen. Sie dürfen sich einen Schmetterling von der Blumenwiese aussuchen. Die Frage auf dessen Rückseite wird an alle (Antwort oder Zuruf) oder einzelne gestellt.

Quiz:
- Woraus macht die Puppe des Nachtfalters den Kokon? Antwort: Aus Seide.
- Nenne einen Schmetterling, dessen Name mit »Z« beginnt. Antwort: Zitronenfalter.
- Wie entfaltet bzw. wodurch »pumpt« der neue Schmetterling nach dem Schlüpfen seine Flügel auf? Antwort: Indem er Blut in die Flügel pumpt.
  (Seine Flügel sind wie eine Doppelmembran, das heißt aus zwei Schichten. Diese zwei Schichten der Flügel behalten ihre Form, weil sie mit Stegen miteinander verbunden sind. Anschließend wartet er, bis die noch weichen Flügel ausgehärtet sind.)
- Wie weit können Schmetterlinge am Stück höchstens fliegen? Was schätzen Sie?
  Antwort: Einige Arten mehrere hundert Kilometer weit.
- Nennen Sie einen Schmetterling, dessen Name mit »P« beginnt. Antwort: Pfauenauge.
- Welche Schmetterlingsarten sind als Schädlinge gefürchtet?
  Antwort: Zum Beispiel Kleiner Kohlweißling, Großer Kohlweißling (Kohl), Schwarmspinner in Nordamerika (Plantagen und Wälder), zum Teil Nachtfalter wie Eichenwickler (Eichen), Amerikanischer Baumwollkapselwurm (die Larven sind in den USA verheerend für Weizen, Baumwolle, Tomaten usw.). Aber: Während einige Schmetterlingsarten Schädlinge sind, sind die meisten völlig harmlos und eine Bereicherung für die Schönheit der Landschaft und Natur.
- Wie viele Schmetterlingsarten gibt es? Was schätzen Sie?
  Antwort: Über 150.000.
- Welche Lebensphasen durchlebt ein Schmetterling? Antwort: Ei, Larve bzw. Raupe, Puppe, flugfähiger Schmetterling.

- Wodurch schützen sich die Raupen vieler Schmetterlinge davor, gefressen zu werden?
  Antwort: Abstoßender Geruch, auffällige Farbe und Musterung oder Tarnfarbe, spitze und stachelige Haare - oft leicht giftig.
- Viele Schmetterlingsraupen sind als Schädlinge gefürchtet, manche jedoch sehr kostbar für den Menschen. Wissen Sie, zu welchem Zweck?
  Antwort: Zur Gewinnung von Naturseide.
- Wie schützen sich manche Schmetterlingsarten, zum Beispiel der Felsenspanner, gegen ihre Feinde? Antwort: Der Felsenspanner verändert seine Färbung je nach Untergrund (auf rotem Sandstein rotbraun, auf Kalkstein weiß, auf torfigem Moorboden fast schwarz).

6. Lied

»Wäre ich ein Schmetterling«, Strophe 2 und 3 (aus: Kilibu)

7. Spielszene: Die gefräßige Raupe Mampf

(Stabpuppen siehe Abbildung)

Mampf, die kleine Raupe

In einem bunten Schrebergarten lebte einmal eine kleine Raupe. Die nannte man Mampf. Ja, nur »Mampf«. Das kam daher, weil sie sich den ganzen Tag - ohne eine Pause - vorwärts schob und dabei alles fraß, was ihr in den Weg kam. Sie krabbelte und mampfte und krabbelte und mampfte, bis ihr vor Erschöpfung die Augen zufielen und sie einschlief. Doch sobald sie wieder aufwachte, war ihr erster Gedanke das Essen. »Ich habe Hunger. Ich muss mir etwas Essbares suchen«, sagte sie und mampfte sich durch ein grünes Salatblatt, einen Apfel und eine Mohrrübe. Nie hatte sie Zeit, länger stehen zu bleiben und

mit den anderen Tieren des Gartens zu reden. Deshalb hörte sie auch nicht auf die weise Eule:

»Mampf, hör auf zu essen, mach eine Pause und hör mir einmal zu«, sagte die Eule. »Für dich wird es Zeit, zur Ruhe zu kommen, einen Kokon zu bauen und dich zu verwandeln.«

»Kokon? Verwandeln?«, fragte Mampf. »Wozu soll ich mich verwandeln? Ich habe doch noch viele Gemüsebeete, die ich leer fressen kann. Nein, verwandeln brauch ich mich nicht«, sagte sie sehr bestimmt und schob sich in eine dicke, saftige Birne.

Die Eule seufzte tief: »Ach Mampf, du kannst so nicht lange weiterleben. Wenn du keine Zeit findest, dir einen Kokon zu bauen und dich zu verwandeln, wirst du sterben. Gott hatte dich doch als Schmetterling gedacht, damit du die Menschen glücklich machen kannst. Und nicht als gefräßige kleine Raupe ...«

Aber Mampf hörte die Worte der Eule schon längst nicht mehr. Viel zu sehr war sie mit ihrer saftigen Birne beschäftigt, als dass sie weisen Gedanken hätte lauschen können. Sie hörte heute nicht und am nächsten Tag nicht. Und auch am übernächsten Tag hätte sie sicher nicht auf die Eule gehört, wenn nicht ...

Bühne des Stabpuppenspiels

Ja, wenn nicht plötzlich ein wunderschöner gelber Schmetterling durch die Luft gegaukelt wäre und sich genau vor Mampf auf das Blatt gesetzt hätte.

»Geh weg da«, sagte Mampf. »Das ist mein Blatt. Nimm mir bloß nichts weg!«

Erschrocken flog der Schmetterling auf eine Blume.

»Mampf«, flüsterte er, »kennst du mich nicht mehr? Ich bin doch Fridolin, dein Bruder.«

Jetzt blieb Mampf der Mund tatsächlich offen stehen und sie vergaß ganz, dass sie beim Essen war. »Du bist Fridolin?«, murmelte sie erstaunt. »Die Stimme ist ja tatsächlich Fridolins Stimme. Aber Fridolin war doch eine Raupe, so wie ich. Und du bist ein Schmetterling.«

»Aber Mampf«, lachte jetzt Fridolin fröhlich, »hast du denn nie zugehört, wenn dir die Eule etwas erzählte? Gott hat doch jede Raupe so geschaffen, dass sie ein Schmetterling werden kann. Wir müssen uns nur für einige Tage zurückziehen und ein enges, kleines Haus, einen Kokon, bauen. Das brauchen wir, damit wir uns in einen Schmetterling verwandeln können.«

Sehnsuchtsvoll blickte Mampf jetzt ihren Bruder an: »Ach, wenn ich doch auch so fröhlich und leicht durch die Luft gaukeln könnte ... Wenn ich dich so sehe, wünschte ich mir fast, auch ein Schmetterling zu sein. Aber ich glaube, ich habe Angst, mich zurückzuziehen, einige Zeit nichts essen zu können. Und überhaupt habe ich Angst vor der Verwandlung. Werde ich dabei nicht vielleicht sterben?«

Nun kam Fridolin ganz nahe zu Mampf und legte tröstend seinen Flügel auf ihr Gesicht: »Nein, Mampf. Sterben wirst du nur, wenn du so weitermachst wie bisher. Aber Angst, die hatte ich auch vorher. Ich glaube, eine Veränderung macht uns immer etwas Angst, aber sie ist auch die einzige Möglichkeit, etwas Neues entstehen zu lassen.« Damit hob Fridolin seine Flügel und tanzte - wie um seinen Worten Nachdruck zu verleihen - fröhlich von Blume zu Blume.

Mampf war an diesem Tag sehr nachdenklich. Sie mochte auch gar nicht mehr viel essen, sondern verkroch sich in einen stillen Winkel. Ein paar Tage lang wusste niemand, was mit Mampf geschehen war und wo sie steckte. Doch plötzlich, an einem hellen Sommertag, gaukelte ein neuer Schmetterling über das Gemüsebeet, der Fridolin zum Verwechseln ähnlich sah. Es war Mampf.

8. Lied

»Dass dein Wort in meinem Herzen starke Wurzeln schlägt« (aus: FJ)

9. Predigtskizze

»Darum: Ist jemand in Christus, so ist er eine neue Kreatur; das Alte ist vergangen, siehe, Neues ist geworden.« (2. Korinther 5,17)

Grundgedanke: Nur der Mensch, der Gott mit seinen Möglichkeiten in sein Leben einbezieht, kann seine Möglichkeiten ausschöpfen.
    Paulus setzt in 2. Korinther 5,17 *zwei Akzente*:
a) In Jesus Christus werden wir die neue Kreatur/Schöpfung
b) Durch Jesus Christus wird immer mehr neu.

Ausführung:

- Die neue Schöpfung in Jesus Christus: Gott selber hat etwas Neues angefangen, indem er seinen Sohn Jesus Christus in den Tod geschickt hat, damit wir leben können und ein neues Verhältnis zu ihm erhalten. Gott bietet nicht eine Schuldnerberatung an, sondern er tilgt die Schulden.
- Glauben heißt: Dieses Geschenk als persönliches Geschenk annehmen und auspacken. Dieses Geschenk ist neues Leben und neues Sein.
- Durch Jesus Christus wird immer mehr neu. Nach einer Entschuldung kann die Neugestaltung beginnen. Passiert sie?

Bert Brecht schreibt:

Ein Mann, der Herrn K. lange nicht gesehen hatte, begrüßte ihn mit den Worten:

»Sie haben sich gar nicht verändert.«
»Oh«, sagte Herr K. und erbleichte.

111

- Alles beim Alten lassen, sich nicht verändern - unter dem Einfluss von Jesus Christus ist etwas Anderes möglich. »Selbst die Kuh im Stall muss merken, wenn der Bauer sich bekehrt hat.« (C.H. Spurgeon)
- Es gilt nicht mehr, zu sagen: »So bin ich nun mal«, »die anderen müssen mich schlucken, wie ich bin.«
- Jesus Christus nimmt einen Menschen an, so wie er ist - aber er muss nicht so bleiben, wie er ist.
- Bleiben wir nicht die Raupe, weil es so bequem ist, sondern werden wir »Schmetterling«. Eine Raupe sagte zu einem Schmetterling: »Du bist auch nicht mehr das, was du einmal warst.« Wäre das nicht ein gutes Kompliment für uns?

 11. Gebet

 12. Lied

»Jesus, wir sehen auf dich« (aus: FJ)

 13. Segen

(Monika und Walter Ittner und Sonja Tews)

11. Dankeschön - ein kunterbuntes Erntedankfest

Thema:
Jesus ist das Brot des Lebens und schenkt uns Leben, gibt uns Zukunft

Bibeltext:
Jesus, das Brot des Lebens: Johannes 6,51-54

Vorbereitung/Materialien:
- Riesenähre aus gelben Luftballons (siehe Seite 116):
  gelbe, nummerierte Luftballons mit Paketkleber an einem Besenstiel befestigen und die fertige Ähre in einen Eimer mit Steinen stecken;
  in den einzelnen Luftballons befinden sich Zettel, auf denen die Programmpunkte notiert sind;
  zu den einzelnen Punkten werden Kinder nach vorn gebeten, die mit einer Stecknadel einen nummerierten Ballon zum Platzen bringen
- Apfel und Zahnpasta-Tube (Pkt. 1)
- Selbstgebackene Brötchen (entsprechend der erwarteten Besucherzahl), Brötchenteig, Sesam, Mohn, Sonnenblumenkerne (Pkt. 5)
- Glas mit Weizenkörnern (Pkt. 6)
- Schal, Korb mit verschiedenen Gemüse- und Obstsorten, zum Beispiel Radieschen, Ananas, Kartoffel, Zucchini usw. (Pkt. 8)
- Glas, Milch, ein Jogurt, Scheibe Brot, Stück Käse (Pkt. 9)

Mitarbeiter:
- Moderator
- Prediger
- für die Spielszene: vier Frauen

1. Begrüßung

Moderator beißt herzhaft in einen Apfel, kaut genüsslich und zieht eine Zahnpasta-Tube aus der Tasche:

Damit Sie noch morgen kräftig zubeißen können - Colgate fluor S! *(Pause)*

Wirklich? Von was - oder fragen wir in diesem Gottesdienst lieber: Von wem ist es abhängig, damit wir auch morgen noch kräftig zubeißen können?

Oder besser gesagt: Von wem ist es abhängig, dass wir auch morgen etwas zu beißen haben? Darum soll's in diesem Gottesdienst gehen.

Wir sagen Gott heute Morgen dankeschön, dankeschön, dass wir viele, viele Male kräftig zubeißen durften, und laden Sie alle ein, sich diesem Dank anzuschließen.

Unser Dankeschön wird kunterbunt sein. Wir singen und tanzen, wir spielen und haben dabei bestimmt auch etwas zu lachen, wir hören von Gott und reden mit ihm.

 2. Lied

»Wir pflügen und wir streuen« (aus: EG)

 **3. Spielszene: Der Bäckerladen**

Jeweils zwei Frauen treten nacheinander vor die Gottesdienstgemeinde. Der Gottesdienstraum ist der fiktive Bäckerladen. Die ersten beiden Frauen sind mondän gekleidet, beide sprechen sehr akzentuiert (ironisch überzien).

A *(zu B gewandt):* Frau von Bassermann kommt heute zum Fünf-Uhr-Tee.

B: Nein, wie interessant!

A: Da muss ich natürlich etwas Gebäck anbieten.

(Zum Publikum gewandt) Na, sehr reichhaltig ist die Auswahl nicht gerade. Ich kann Frau von Bassermann ja wohl schlecht Butterkuchen *(spricht mit angewiderter Stimme)* anbieten! Gibt es denn in diesem Laden nicht die netten Petits Fours? *(schaut suchend herum)*

B: Wissen Sie, Frau Krugstetten, ich bin in diesem Laden schon so oft hereingefallen. Dabei ist es erst vier Uhr. Und kaum noch Auswahl! Was wollen die in den nächsten zwei Stunden denn eigentlich noch verkaufen?

A: Stellen Sie sich doch mal vor, Frau Overprim, wollte mir doch die Verkäuferin letzte Woche doch tatsächlich Brot vom Vortag zum halben Preis anbieten. Ist es nicht ungeheuerlich? *(schüttelt den Kopf)*

B: Frau Krugstetten, nun schauen Sie doch mal - iiiih!

A: Das ist ja unglaublich, eine Biene im Obstkuchen. Nein, wie ekelig! Was man sich da für Krankheiten holen kann! Wer weiß, ob es hier nicht auch anderes Ungeziefer gibt, Mäuse oder vielleicht - *(hält einen Moment inne)* Kakerlaken!!!! *(schüttelt sich)*

Nein, danke, mir ist der Appetit vergangen. Ich gehe doch lieber zu ... *(örtliches Feinkostgeschäft)*. Da weiß ich, woran ich bin.

B: Und ich komme mit! *(beide gehen ab)*

(C und D betreten die Szene, bieder gekleidet, große Einkaufstasche oder Korb.)

C: Stellen Sie sich doch vor, Frau Specht, in der Firma meines Mannes spricht man auch schon von Kurzarbeit. Ich weiß gar nicht, wie wir dann über die Runden kommen sollen!

D: Ja, schlimm. Unser Jüngster hat auch noch keine Lehrstelle. So, ich muss mich sputen. Ich brauche noch ein Brot für den Abend. Wie viel zwei erwachsene Männer essen können - nicht zu glauben.

C: Na, das ist aber eine Auswahl. Das sind doch bestimmt 15 verschiedene Brotsorten! Sieht das lecker aus! Zu meiner Kinderzeit gab es nur eine einzige Sorte, ein schweres Roggenbrot. Kommissbrot sagten wir dazu.

D: Das kenne ich auch noch. Oh, was hab ich als Kind immer über die harte Rinde geschimpft! Aber dieses Brot hier - einfach lecker, so frisch.

C: Ja, und das, obwohl es schon vier Uhr ist. Die bemühen sich wirklich um zufriedene Kunden. Schauen Sie mal, da krabbelt ja eine Biene zwischen den Kuchenstücken. Die Verkäuferin muss gute Nerven haben, dass sie sich davon nicht irritieren lässt.

D: Ah, ich bin schon an der Reihe: ein Fünf-Korn-Brot bitte.

 4. Lied

»Lasst uns loben unseren Gott« (aus: FJ)

 5. Spiel 1: *Brötchen-Wettformen*

Bei diesem Spiel müssen jeweils zwei Freiwillige aus vorbereitetem Teig 10 Brötchen formen. Die fertig geformten Brötchen werden während der Kurzpredigt von den Kindern weiter verarbeitet.

6. Spiel 2: *Körner-Raten*

Ein durchsichtiges Gefäß ist mit Weizenkörnern gefüllt. Das Gefäß wird für alle gut sichtbar gezeigt. Die Besucher sollen schätzen, wie viel Körner sich in dem Gefäß befinden (auf Zuruf). Derjenige, der am nächsten an die Zahl herangekommen ist, ist Sieger.

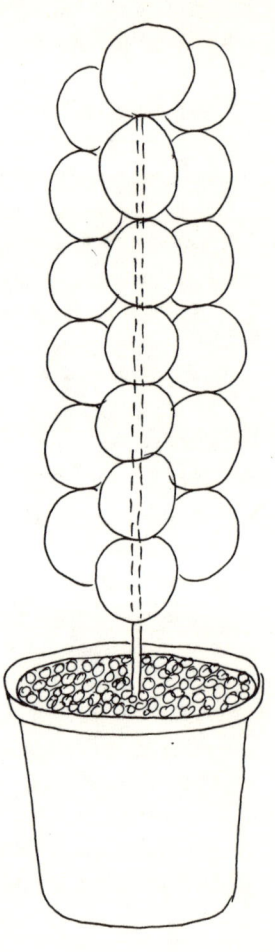

7. Bewegungslied

»Danke, Herr, dass du mich liebst« (Daniel Kallauch, aus: Das große Daniel Kallauch Liederbuch, cap music, Altensteig). Es können noch zum Erntedankfest Strophen dazugedichtet werden, zum Beispiel: »Danke, Herr, du gibst uns Brot«.

8. Spiel 3: *Fühltest*

Einige Kinder und Erwachsene werden nach vorn gebeten, nacheinander bekommen sie die Augen verbunden. Sie ertasten verschiedene Nahrungsmittel: Radieschen, Ananas, Kartoffel, Zucchini ...

9. Spiel 4: *Geschmackstest*

Wie bei Spiel 3 werden den Mitspielern die Augen verbunden. Sie müssen unterschiedliche feste und flüssige Speise erschmecken: einen Schluck Milch, einen Löffel Naturjoghurt, ein Stück Brot, etwas Käse usw.

10. Gebet

Bei den Spielen haben wir noch einmal ganz genau hingeschaut (Körnerraten), einige von uns haben mit verbundenen Augen Nahrungsmittel ertastet und erschmeckt. Wie oft schieben wir unser Essen unbedacht in uns hinein. Jetzt nehmen wir uns die Zeit, Gott zu danken. Ich spreche ein Gebet:

Danke, Herr, du gibst uns Brot. Danke Herr, du machst uns satt.
Manchmal schlingen wir ganz hastig das Frühstück herunter,
vielleicht weil wir verschlafen haben.
Und manchmal schmeckt uns das Essen nicht, das auf dem Tisch steht.
Aber jetzt sagen wir dir ganz herzlich: Danke, dass du für uns sorgst.
Amen.

11. Lied

»Teilt das Brot mit anderen« (aus: Jesus - unsere Freude. Gemeinschaftsliederbuch, Brunnen Verlag Gießen, 2. Auflage 1996)

12. Aktion

Die Kinder verteilen kleine, von den Mitarbeitern vorher gebackene Brötchen an die Gottesdienstbesucher und gehen während der Kurzpredigt hinaus.

Während der Kurzpredigt bearbeiten die Kinder die geformten Brötchen weiter (Pkt. 5, Spiel 1), indem sie diese mit Sesam, Sonnenblumenkernen usw. bestreuen und backen. Je nach Zahl der Besucher werden weitere Brötchen geformt und gebacken.

Die Brötchen werden beim gemeinsamen Mittagessen nach dem Gottesdienst gegessen. (Alternative, wenn die Gemeinde keinen Backofen hat: Die Kinder können einen bunten Obstsalat machen.)

13. Kurzpredigt: Jesus, das Brot des Lebens

Text lesen: Johannes 6,51-54

Schauen Sie sich Ihr Brötchen genau an. Riechen Sie daran und freuen Sie sich an dem kräftigen Geruch. Ja, vielleicht beißen Sie einfach mal rein, um zu sehen, wie gut es schmeckt. So ein frisches Brot und so ein frisches Brötchen ist schon was Tolles. Da freut man sich - wenn man es einrichten kann - am Morgen besonders darauf.

Und nun dagegen diese merkwürdigen Verse, wo Jesus sich selber als Brot bezeichnet, ja als Brot des Lebens. Wo er uns auffordert, reinzubeißen, ihn zu schmecken und zu essen.

a) Wer mich isst, lebt

Kein Wunder, dass die frommen Juden damals über solche Sätze stritten. So soll man zu Gott kommen? Indem man ihn isst und trinkt? Das war Gotteslästerung! Das war für sie eine ungeheuerliche Aussage. »Nur wer mich isst, wird ewig leben«? »Nur wer mich isst«, wörtlich heißt es sogar: »Nur wer mich zerbeißt und zerkaut, der wird ewige Gemeinschaft mit Gott haben«? Kein Wunder, dass die frommen Juden, die sich so viel auf ihre fromme Leistung einbildeten, darüber empört waren. Kein Wunder, dass sie sich wehrten gegen diesen Absolutheitsanspruch Jesu.

Doch sind sie uns darin so fremd? Steckt nicht in allen von uns das Denken: Wenn ich Gott näher kommen will, dann muss ich mich kräftig anstrengen, dann muss ich etwas tun, auf mein Machen kommt es an?

Jesus aber dreht alles um. Er sagt: Nicht ihr müsst etwas tun und machen. Nein, ich tue, ich habe diese eine große Leistung gebracht, die euch mit dem Vater ins Reine bringt. Ich gebe mein Leben für euch. Ich verblute am Kreuz für euch. Darum musst du nichts mehr tun, sondern nur noch nehmen. Dann darfst du mich einfach aufnehmen im Glauben, darfst mich »essen und trinken«. Darum musst du dich nicht mehr abmühen, etwas darstellen, groß herauskommen. Ich habe doch alles schon längst getan.

Und sehen Sie: Darum kann man sich so leicht über Jesus ärgern. Denn wenn er schon alles getan hat, dann ist all unsere Anständigkeit, auf die wir uns oft so viel einbilden, gar nicht mehr entscheidend. Dann bleibt kein Platz mehr für den Stolz auf das, was wir in unserm Leben geschafft und was wir vor und für Gott geleistet haben.

Aber Jesus will nicht unseren Ärger über ihn, sondern dass wir ihm unser Leben anvertrauen. Er will, dass wir angesichts unserer Schuld vor Gott auf seine Rechnung leben. Dass wir begreifen: Wenn es um das Leben aus Gott geht, können wir Menschen nichts »machen«. Glauben ist nicht etwas, das in unserer Macht steht - zuallererst macht immer Gott. Martin Luther sagt es in seiner Auslegung zum Glaubensbekenntnis so: »Aus eigener Vernunft noch Kraft« kann ich nicht an Jesus Christus glauben oder zu ihm kommen.

b) Wer mich isst, wird satt

Jesus sagt: Ich bin nicht irgendein Brot. Ich bin das Brot des Lebens.

Das Brötchen, das wir jetzt in Händen halten, und das Brot, das wir nachher gemeinsam essen, stillt nur unseren irdischen, körperlichen Hunger. Und auch das nicht für lange, ein paar Stunden später haben wir wieder Hunger.

Jesus sagt: Ich gebe euch noch ganz anderes Brot. Brot, das euren Hunger nach Leben stillt. Brot, das euer Leben reich macht, das euch Sinn und wahre Erfüllung gibt. Jesus will, dass wir satt werden. Dass unser Lebenshunger zutiefst gestillt wird und wir Lebensqualität einer ganz anderen Art erhalten. Nur er kann unsere tiefsten Bedürfnisse nach Liebe, Annahme, innerem Frieden, Lebenssinn und Erfüllung wirklich ausfüllen.

Jesus will, dass wir wirklich satt werden, uns nicht mit einem Leben zweiter Wahl zufrieden geben. Denn »Leben sollte mehr sein als nur Arbeit, Schlaf und Essen«, heißt es in einem Lied. Leben muss doch mehr sein als lauter Erlebnisse, und mögen sie noch so schön sein.

Und Leben ist mehr! Jesus bietet es uns an. Ja, er bietet sich an, denn er ist dieses Leben, dieses Lebensbrot. Darum ist er mehr als eine entbehrliche Zutat zum Leben, nicht ein Luxus, den man sich leisten kann oder auch nicht, je nachdem, ob man religiös veranlagt ist oder nicht. Jesus ist mehr, und indem er dieses Bild »ich bin Brot« gebraucht, macht er klar: Vor allem braucht ihr mich. Ich bin das Nötigste, das ihr für euer Leben braucht.

Wer von ihm isst, lebt. Wer nicht von ihm isst, lebt nicht. Und Essen geschieht durch Glauben. Ich sage: Herr, dir will ich gehören. Dir will ich mein Leben anvertrauen.

c) Wer mich isst, hat Zukunft

Jesus sagt nicht nur: Durch mich bekommst du Halt und Lebenssinn hier und jetzt. Sondern: Wer von mir isst, wird leben in Ewigkeit. Dieses neue Leben überdauert den Tod. Darum konnte Luther sagen: »Mit wem Gott spricht, der ist unsterblich.« Unser Sterben ist nicht das Letzte, ist auch nicht das Ende, sondern erst der Anfang. Dann geht es erst richtig los. Wer mich isst, hat Zukunft.

Wer glaubt, fällt auch die Entscheidung für die Ewigkeit. Dann werden wir in einer ganz engen Gemeinschaft mit Gott leben. Gottfried Voigt dazu: »Es könnte sein - und eines Tages wird es gewiss so sein -, dass die äußeren Bedingungen für unser äußerliches, körperliches Leben immer mehr schwinden. Aber es bleibt das Leben im Vollsinn, das in der ungetrübten Gemeinschaft mit Gott besteht. Vielleicht nimmt der Magen nichts mehr an, und der Atem wird knapp, die Sinne schwinden - aber unser Gott und Herr sieht uns an, und wir können uns unbesorgt in seine Liebe hineinfallen lassen. So ›leben‹ wir in Ewigkeit.«

 14. Lied

»Ich bin das Brot, lade euch ein, so soll es sein« (aus: LL)

 15. Fürbittengebet und Vaterunser
16. Segen

(Walter Ittner und Team, Dorothee Döbler und Claudia Filker)

12. Sag mir, wie Gott ist -
Im Gottesbilderladen

Thema:
Menschen machen sich zu allen Zeiten Bilder und Vorstellungen von Gott. Gott stellt sich in Jesus Christus den Menschen vor

Bibeltext:
Zachäus: Lukas 19,1-10

Vorbereitungen/Materialien:
- Ein Teil des vorderen Gottesdienstraums wird als »Gottesbilderladen« gestaltet. Zahlreiche »Gottesbilder« (Pkt. 4), Tische als Theke
- Eventuell Folien für Predigt und Overhead-Projektor

Mitarbeiter:
- Moderator
- Prediger
- Für die Spielszene: Verkäufer, Vater, Mutter, halbwüchsige Tochter, Intellektueller, Feministin, »Plattenbruder«

 1. Lied

»Sag mir, wie Gott ist« (aus: Mit Herzen und Händen)

2. Begrüßung

»Sag mir, wie Gott ist!« Haben Ihre Kinder Ihnen auch schon einmal diese Frage gestellt? Sie ist gar nicht so leicht zu beantworten. »Sag mir, wie Gott ist.« Auch das Lied, das wir gerade gesungen haben, bleibt mit seinen Antworten im Ungewissen: Gott ist manchmal winzig klein, aber er kann auch so groß sein, dass alle Menschen der Welt in seinem Schoß Platz haben. Gott kommt zu mir und zu dir - und doch können wir es nicht fassen. Gott ist mir ganz nah, und Gott reicht in seiner Größe bis an das Ende des Sternenhimmels.

Wir möchten heute in unserem Gottesdienst dieser Frage ein wenig nachgehen: Wie und wer ist Gott?

3. Lied:

»Ich werfe meine Fragen hinüber« (aus: Fontäne in blau)

4. Spielszene: Im Gottesbilderladen

Zur Dekoration: Der Raum ist ausgeschmückt mit zahlreichen »Gottesbildern«. Die Kopiervorlagen Seite 124 mehrfach vergrößern.

Szene 1:

Der Verkäufer sitzt hinter seinem Ladentisch. Die Türglocke ist zu hören: eine Familie - Vater, Mutter und Tochter - betreten den Laden.

Mutter	*(zur Tochter gewandt):* Und rühr mir ja nichts an, hörst du?
Verkäufer	*(steht auf):* Guten Tag! Sie wünschen?
Vater:	Wir brauchen ein Gottesbild.

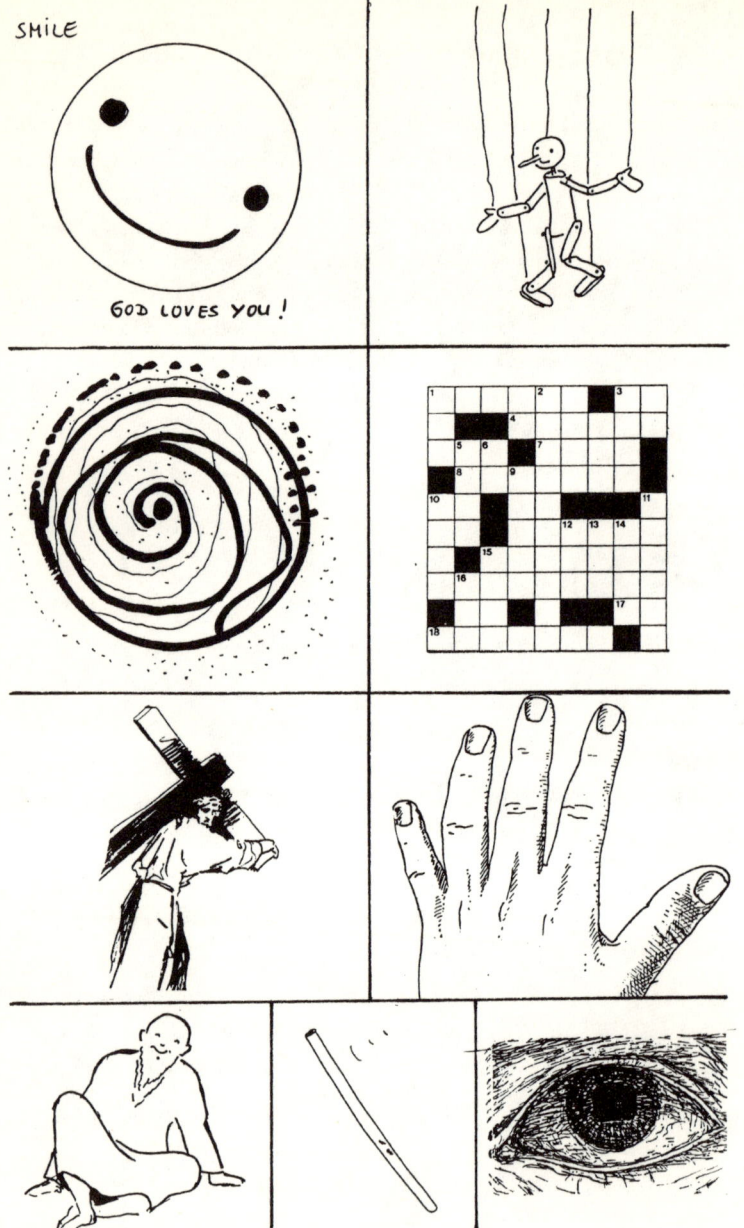

Verkäufer:	Wie soll's denn aussehen?
Mutter:	Tja, wir wissen noch nicht so genau. Es soll für unser Kind sein.
Vater	*(deutet auf das Kind):* Für unsere Inge. Früher haben wir ihr ja das Lied beigebracht: Pass auf, kleine Hand, was du tust; denn der Vater im Himmel schaut herab auf dich ...
Mutter:	Aber in der letzten Zeit haben wir den Eindruck, dass Inge hinter unserem Rücken Dinge treibt, von denen wir nichts wissen.
Tochter:	*(Sie zeigt hinter dem Rücken den Eltern einen Vogel.)*
Mutter:	Da dachten wir, wir versuchen es mal mit einem richtigen Gottesbild.
Vater:	Es soll aussagen: Gott ist überall. Er sieht alles!
Tochter:	*(Sie sieht sich das Bild »Smile, god loves you« an und lässt es dann schnell unter ihrem Mantel verschwinden.)*
Mutter	*(dreht sich zur Tochter um):* Inge, du sollst doch nichts anfassen!
Vater:	Verstehen Sie, was wir meinen?
Verkäufer:	Aber gewiss! *(Zur Gemeinde:)* Gott als Erziehungshilfe! *(Er holt das Bild mit dem Rohrstock:)* Wie wär's denn damit?
Vater:	Ein bisschen zu direkt.
Mutter:	Unsere Absicht soll ja nicht zu offensichtlich sein.
Verkäufer	*(holt das »Auge Gottes«):* Und wie gefällt Ihnen dies hier? In Anlehnung an George Orwells »1984«: Big brother is watching you!
Mutter:	O ja, sehr eindrücklich. Unheimlich. Das geht mir durch und durch.
Vater:	Das ist genau das, was wir, äh ... was Inge braucht.
Verkäufer:	Ich finde es fantastisch.
Vater	*(zu Inge):* Inge, komm mal her! - Was hast du denn da unter deinen Mantel gesteckt?
Tochter:	*(Sie holt das gestohlene Poster unter ihrem Mantel hervor.)*

Mutter:	Aber Inge! *(Zum Verkäufer:)* Entschuldigen Sie bitte! Das ist mir aber peinlich.

Szene 2:

Die Türglocke geht. Ein Intellektueller betritt den Laden.

Intellekt.:	Guten Tag!
Verkäufer:	Guten Tag, womit kann ich Ihnen dienen?
Intellekt.:	Sagen Sie, haben Sie das Bild da soeben als Gottesbild verkauft?
Verkäufer:	Ja!
Intellekt.:	Entsetzlich! Ich suche etwas ganz Anderes!
Verkäufer:	Wie soll denn Ihr Bild aussehen?
Intellekt.:	Schwer zu beschreiben. Auf alle Fälle abstrakt! Gott als irgendein Wesen - nicht als Person. Ich bitte Sie! Glauben Sie etwa noch an so etwas?
Verkäufer:	Sie haben ganz Recht. Im Vertrauen gesagt: Nur etwas für einfältige Leute. Nur die Naiven kaufen solche Bilder. Aber für Sie war das gar nichts.
Intellekt.:	Ich brauche einen Gott, der mir das Gefühl von Erhabenheit, Unendlichkeit und Unergründlichkeit vermittelt.
Verkäufer:	So ein Gott, der ganz weit weg ist ... *(zur Gemeinde:)* und der einem nur ja nicht zu nahe kommt!
Intellekt.:	Was meinten Sie eben?
Verkäufer:	Ich sage, da habe ich bestimmt etwas für Sie. Schauen Sie sich ruhig einmal um.

Der Intellektuelle geht an den Stellagen entlang, nimmt ein abstraktes Gemälde herunter und kommt damit zum Ladentisch.

Verkäufer:	Ah, Sie sind fündig geworden!
Intellekt.:	Ja, ich kann mich nur noch nicht entscheiden, welches von beiden Bildern ich nehmen soll. Das eine hier entspricht mehr meiner naturwissenschaftlichen Erkenntnis, das andere mehr meinem ästhetischen Empfinden.

Verkäufer:	Das ist wirklich eine schwere Entscheidung. Da kann ich Ihnen nur einen Rat geben: Kaufen Sie doch beide!
Intellekt.:	Das ist die Lösung! Ich bin beeindruckt! *(bezahlt und geht)*

Szene 3:

Die Türglocke geht. Eine Feministin betritt den Laden.

Verkäufer:	Guten Tag, Fräulein!
Feministin:	Woher nehmen Sie sich eigentlich das Recht, mich Fräulein zu nennen?
Verkäufer:	Entschuldigen Sie bitte, meine Dame!
Feministin:	Schließlich rede ich Sie ja auch nicht mit »Herrlein« an, oder? Und Ihre Dame bin ich auch nicht. Das hört sich ja so an, als sei ich Ihr Eigentum. Die Zeiten gehen zu Ende, wo die Männer uns Frauen als ihr Eigentum ansahen und behandelten!
Verkäufer:	Sie haben völlig Recht, mei ... äh, verehrte Dame. Womit kann ich Ihnen dienen?
Feministin:	Hört sich schon besser an. Ich brauche ein Gottesbild.
Verkäufer:	Wie soll denn Ihr Gott aussehen?
Feministin:	Ist egal - Hauptsache, es ist kein Mann!
Verkäufer:	Ach so. Sie suchen einen weiblichen Gott, eine Göttin also?
Feministin:	So ist es.
Verkäufer:	Das finde ich sehr originell.
Feministin:	Der männliche Gott ist schließlich nur eine Erfindung der Männer, um ihr Patriarchat zu stützen. Aber die Zeiten ...
Verkäufer:	... gehen zu Ende. Sie haben ja so Recht. Aber ich habe keine weiblichen Gottesbilder. Vielleicht versuchen Sie mal, bei meinen katholischen Kollegen ein Marienbildnis zu bekommen.
Feministin:	Typisch. Habe ich mir gleich gedacht, als ich einen Mann hinterm Ladentisch sah. Stünde eine Frau hier,

gäb's auch weibliche Gottesbilder! Auf Wiedersehen! *(knallt die Tür zu)*

Szene 4:

Ein »Plattenbruder« kommt herein, Flasche unterm Arm, Plastiktüte an der Hand. Er sieht sich sehr neugierig die Bilder an.

Verkäufer	*(sehr besorgt um seine Ware):* Äh, entschuldigen Sie bitte, aber vermutlich haben Sie die Ladentür verwechselt. Wir sind hier keine Wärmestube. Hier gibt's nichts umsonst. Wir sind ein renommiertes Geschäft. Wir verkaufen Kunstwerke, Gottesbilder - für Leute mit Geschmack, Geld und ... Bildung.
»Plattenbruder«:	Nix für unjut, juter Mann. Ick will ja keen riesijet Öljemälde nich. Da hätt ick nich den richtigen Nagel und och keene Wand. Sie wissen, wat ick meine?
Verkäufer:	Ich bin doch nicht blind, Mann!
»Plattenbruder«:	Wissen Se, ick such wat, wat ick bei mir tragen kann. Wat für unterwegs, zum Eintüten, sozusagen im Taschenformat, wenn Se wissen, wat ick meine?
Verkäufer:	Also Sie meinen ein ganz praktisches, handliches Gottesbild zum Einpacken?
»Plattenbruder«:	Richtich! Det is et! Wissen Sie, ick hatte mal so'n kleen Talismann. So eenen zum dreimal Draufspucken, wenn's brenzlig wird. Und der is mir verlustich jejangen - sozusagen geklaut worden. Und nu jeht et seither mit mir immer mehr bergab. Und nu brauch ick dringend so wat, damit et wieder raufjeht im Leben ... wenn Se wissen, wat ick meine!
Verkäufer:	Ach, Sie suchen einen Gott für alle Fälle, Sie denken an einen Glücksbringer-Gott?
»Plattenbruder«:	Richtich, Mann. Se sind aber janz schön helle! Det is et, wat mir fehlt!
Verkäufer	*(ironisch):* Na, dann empfehle ich Ihnen, gehn Sie mal am besten in ein Lebensmittelgeschäft, Abteilung Weihnachtsmänner. Aber selbst die gibt's nicht umsonst.

| *»Plattenbruder«:* | Nu wollt ick mal in de höheren Sphären - und da is det wieder nischt. *(Zum Verkäufer:)* Dann woll'n wer mal kieken, wo det is, wat zu mir passt. |
| *Verkäufer:* | Auf Wiedersehen. Hier scheint sich eine Marktlücke aufzutun ... |

 6. Lied

»Gott kommt zu uns« (aus: Fontäne in blau)

Vor der Predigt gehen die Kinder zum Kinderprogramm hinaus. Unter anderem wird das Lied »Gott wird Mensch« von D. Kallauch eingeübt, das die Kinder nach der Predigt vorsingen.

 7. Kurzpredigt

Der Mensch macht sich so seine Vorstellungen von Gott. Nicht, ob er groß ist oder klein, dick oder dünn, schwarz oder weiß.

Aber es reizt doch zu wissen, wie Gott ist, welche Eigenschaften er hat:

- Streng und strafend: so könnte ihn das erste Elternpaar gebrauchen.
- Unerreichbar weit weg für den Menschen: so empfindet es der zweite Kunde.
- Voll weiblicher Eigenschaften: so wünscht es sich die Frau in der Spielszene.
- Oder einfach nur als eine gute Lebensversicherung, einen Glücksbringer, der auf Knopfdruck funktioniert, einen Wundergott, der auf ein Stoßgebet hin handelt.

Sie haben es sofort gemerkt: Welche Vorstellungen der Mensch sich von Gott macht, hängt stark von seinen eigenen menschlichen Erwartungen ab, von seinem persönlichen Hintergrund.

Aber: Wie haben wir uns Gott nun vorzustellen? Wie kann ich an etwas glauben, von dem ich nicht weiß, was und wie es ist?

Das Neue Testament erzählt uns die Geschichte eines Mannes. Zachäus hieß er. Der war Chefzöllner, Geldeintreiber und von daher nicht sehr beliebt. Aber wer von Ihnen liebt schon Finanzbeamte? Nun, die Zöllner waren eine dicke Ecke halsabschneiderischer als ein normaler deutscher Finanzbeamter. Ein Gutteil ihrer Einnahmen wanderte in die eigene Tasche. Und was ein rechter Jude war, der verkehrte mit solchen Leuten nicht.

Zachäus hatte von Jesus gehört. Auch ohne Zeitung wussten die Leute in Israel über besondere Ereignisse gut Bescheid. Ja, der Besuch dieses berühmten herumziehenden Rabbis war ein Highlight im grauen Alltag von Jericho.

Was hatte Zachäus nicht schon alles von diesem Jesus gehört! Jesus sollte ein rechtschaffener Jude sein, gelehrt. Manchmal sprach er seltsame Worte, die man nicht immer verstand, die einem aber im Kopf nachgingen.

Und dieser Jesus sollte sich mit Menschen abgeben, mit denen Juden sonst nichts zu tun haben wollten: mit Samaritern, mit Aussätzigen und auch mit Zöllnern.

Diesen Jesus musste sich Zachäus einfach anschauen. Von dem wollte er sich ein eigenes Bild machen.

Auf diesen Gedanken waren an dem Tag schon mehr Menschen gekommen. Die Straßen von Jericho waren gerappelt voll. Keine Chance für Zachäus, auch nur den Haaransatz von Jesus zu erkennen, denn er gehörte nicht gerade zu den großwüchsigen Leuten. Aber wo ein Wille ist, da ist auch ein Baum.

Gar nicht so schlecht, dieses schattige Plätzchen. Hier hat Zachäus den Überblick. Und den genügenden Abstand. Ein Baumplatz für religiöse Fragen. Bloß nicht zu dicht dran. So denken viele Menschen.

Und jetzt beginnt eine Umkehrung der Geschichte. Eigentlich ist es Zachäus, der sich ein Bild von Jesus machen will. Aber ehe er ihn recht anschauen kann, kommt Jesus schon auf ihn zu, spricht ihn hoch oben auf seinem Baum an und rückt ihm wahnsinnig dicht auf die Pelle. Sagt er doch glatt: »Zachäus, komm schnell herunter; denn ich muss heute in deinem Haus Gast sein.«

Können Sie sich diese Farbenpracht vorstellen? Grüne Blätter, rote Birne. Mensch, muss das dem Zachäus peinlich gewesen sein! Er, mutterseelenallein eine Etage höher, und alle gucken!

Und dann ist Jesus so anders. »Ich will dein Gast sein, Zachäus.« Und alles kommt so anders für Zachäus.

Wo wir versuchen, uns Vorstellungen von Gott zu machen, kommt er schon längst auf uns zu.

Gott kommt zu uns, ohne dass wir dafür eine Leistung erbringen müssen.

Gott kommt zu uns, weil er die Menschen geschaffen hat und sie liebt und weil er weiß, was uns gut tut.

Gott kommt zu uns, hat sich auf den Weg gemacht und ist ein Gott zum Anfassen geworden.

Zachäus hat es erlebt. Es war ihm wohl doch nicht so peinlich, die Rückrufaktion von Jesus. In der Bibel heißt es schlicht: »Er hat sich gefreut.« Er hat sich gefreut, Jesus in seinem Haus als Gast zu begrüßen. Mit all den Konsequenzen, die dieser Besuch so nach sich zog: er kapierte, wo er in seiner Lebensführung übers Ziel hinausgeschossen war.

Wenn wir Zachäus fragen könnten: »Zachäus, sag uns, wie Gott ist!«, ich glaube, er würde uns antworten: »Ich habe Jesus gesehen, erlebt, gehört und habe Gott erkannt.«

Es ist an uns, ihn wirklich in unser Haus einzulassen, so wie Zachäus es tat.

Amen.

 # 8. Lied

»Alle schauen auf das große Tor« (aus: Kilibu)

 # 9. Kinderlied

Die Kinder kommen in den Gottesdienstraum zurück und singen für die Erwachsenen das Lied »Gott wird Mensch«. (aus: DbH)

10. Gebet und Vaterunser

11. Segen

(Dorothee Döbler, Claudia Filker und Heidi Krause-Frische)

13. Wege gehen - Überraschungen erleben

Thema:
Gott ist bei uns auf unserem Lebensweg.
Er hilft uns, den richtigen Weg zu finden und Hindernisse zu überwinden.
Er führt uns bis an sein Ziel.

Bibeltext:
Psalm 23

Vorbereitung/Materialien:
- Viele lange, schmale Papierstreifen (etwa 100x15 cm) zuschneiden, aus denen die Kinder im Gottesdienstraum »Wege« bauen können
- Für die Noch-nicht-Schulkinder eine Dose mit Salzstangen, Studentenfutter o.ä.
- Für die Schulkinder eine »Schatzkiste« mit Süßigkeiten oder kleinen Geschenken im Gottesdienstraum verstecken
- Ein »Wegweiser« mit der Aufschrift »Zum Schatz« anfertigen. Zunächst im Gottesdienstraum nicht sichtbar
- Am Altar ist ein Plakat »Zu Hause« angebracht

Mitarbeiter:
- Moderator
- Prediger
- Ein »starker« Mann aus der Gemeinde wird gebeten, bei Teil 3 der Verkündigung einem Kind den Weg zu verstellen und es auf keinen Fall durchzulassen. Er wird auf den Hinweis des Verkündigers von mehreren Kindern gemeinsam »besiegt«.

- Ein Lektor liest bei jedem Predigteil die Psalmübertragung.
- 4 Personen lesen das Gebet zum Schluss

 1. Eingangsmusik

 2. Begrüßung

 3. Bewegungslied für die Kinder

»Vom Anfang bis zum Ende hält Gott seine Hände« (aus: DbH)

 4. Gebet

 5. Psalm 23 im Wechsel gesprochen

An dieser Stelle kann auch die Psalmübertragung aus dem Verkündigungsteil, Pkt. 9, gemeinsam gelesen werden.

 6. Lied

»Du bist der Weg und die Wahrheit und das Leben« (aus: FJ)

7. Glaubensbekenntnis

8. Kinderlied

»Du bist bei uns«

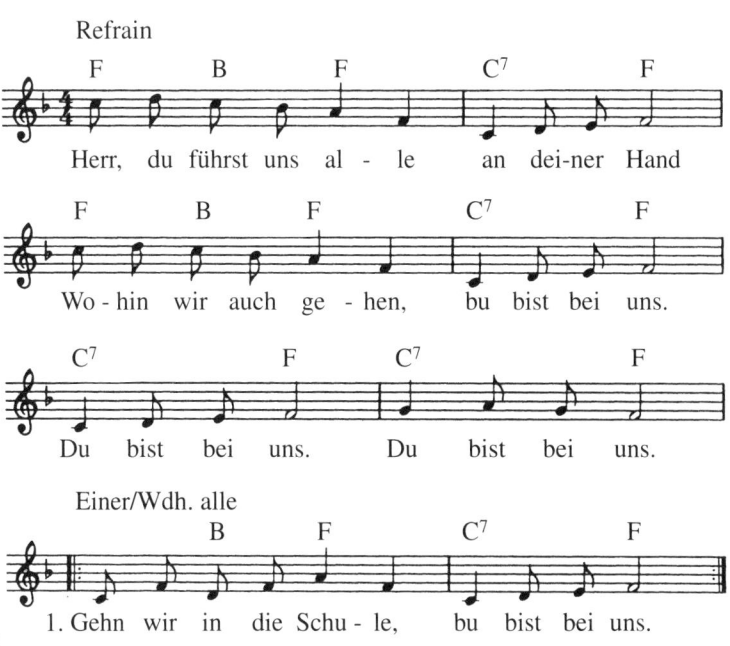

Refrain

F   B   F   C⁷   F

Herr, du führst uns al - le   an dei-ner Hand

F   B   F   C⁷   F

Wo - hin wir auch ge - hen,   bu bist bei uns.

C⁷   F   C⁷   F

Du bist bei uns.   Du bist bei uns.

Einer/Wdh. alle

B   F   C⁷   F

1. Gehn wir in die Schu - le,   bu bist bei uns.

Herr, du …

2. Wenn wir früh aufstehn, du bist bei uns.

Herr, du …

3. Wenn wir Kaffee trinken, du bist bei uns.

Herr, du …

4. Gehn wir in den Garten, du bist bei uns.

Herr, du …

Text u. Musik:
Dietrich Mendt;
Rechte: Evang.
Verlagsanstalt
Berlin 1986

9. Predigtskizze mit Aktionsteil

Text: Psalm 23 (Auswahl) in kindgemäßer Übertragung

Heute haben wir eine Mitmach-Predigt, und wir werden miteinander einige Überraschungen erleben.

1. Aufgabe:

Alle Kinder, die Lust dazu haben, bauen aus den Pappstreifen »Wege«: ein gerader Weg von der Tür durch den Mittelgang nach vorn, dann eine Kreuzung mit mehreren Abzweigen. Ein Weg muss in die Nähe des noch unbekannten »Schatzes« führen (unauffällige Steuerung durch den Moderator), einer zum Altar.

Nun wollen wir sehen, was man auf diesen Wegen erleben kann!

2. Aufgabe:

Die Noch-nicht-Schulkinder sollen durch den Mittelgang genau auf dem Weg nach vorne kommen. Da der Weg ziemlich schmal ist, ist dies nicht so einfach. Die jüngsten Kinder müssen vielleicht von ihren Eltern oder größeren Kindern geführt werden. Am Ziel dürfen sie in ihre Überraschungsdose greifen.

Das bedeutet für uns: Die Kinder haben uns etwas Wichtiges für unser Leben gezeigt. Gott möchte, dass wir auf seinem guten Weg gehen. Das ist nicht immer einfach - man kann so schnell nach rechts oder links abkommen. Aber Gott hilft uns, er führt uns wie eine Mutter ihr Kind.

Lesung

Teil 1, aus: Psalm 23 (Übertragung)

Der Herr ist mein guter Begleiter.
Er weiß, was ich brauche.
Er sorgt für mich
und führt mich wie eine Mutter ihr Kind.

»Herr, du führst uns alle«, Vers 1: »Wenn wir unterwegs sind, du bist bei uns.«

3. Aufgabe:

Die Schulkinder sollen auf demselben Weg nach vorne gehen, auf dem die kleineren Kinder gegangen sind, bis sie zur Kreuzung kommen. Nun sollen sie sich für den Weg entscheiden, der nach ihrer Vermutung zu dem »Schatz« führt. Wenn alle ihren Weg ein Stück gegangen sind, wird der Schatz hervorgeholt. Die Kinder, die auf dem richtigen Weg waren, bekommen etwas aus der Schatzkiste. Die anderen sind natürlich enttäuscht.

Die Kinder werden gefragt: »Was hätte man denn machen müssen, damit *alle* an der Kreuzung den richtigen Weg finden?«

Lösung: Ein Wegweiser muß aufgestellt werden.

Ein Mitarbeiter stellt das Wegweiser-Schild auf.

Nun gehen alle Kinder den richtigen Weg und bekommen etwas.

Natürlich kann man auch mit einem Wegweiser den falschen Weg gehen. Wenn man nicht auf ihn achtet!

Das bedeutet für uns: Gott will uns mit seinen guten Schätzen beschenken. Der Wegweiser zu diesen Schätzen ist Gottes Wort. In ihm zeigt er uns, was gut und wichtig für unser Leben ist, und auch das, was verkehrt und gefährlich ist. Darum ist die Bibel so ein lebenswichtiges Buch. Wenn wir auf ihre Worte achten, werden wir Gottes »Schätze« finden. Wir werden die Erfahrung machen: In Gottes Nähe lässt es sich gut leben.

Lesung

Teil 2, aus: Psalm 23 (Übertragung)

Er lässt mich nicht ins Ungewisse laufen.
Weil er mein Vater ist, liegt ihm am Herzen,
dass ich keine falschen Wege gehe.
Er zeigt mir durch sein Wort den richtigen Weg.
Das macht mich froh.

4. Aufgabe

Manchmal gibt es auf dem Weg Schwierigkeiten und Gefahren. Nun wird ein mutiges Kind gesucht, das ein Hindernis überwinden soll. Es soll im Mittelgang nach vorn kommen. Plötzlich tritt der starke Mann ihm entgegen und lässt es nicht weitergehen (das kann wirklich etwas dramatisch werden!).

Dann wird dem Kind gesagt: »Du kannst es unmöglich allein schaffen - du musst es auch nicht. Du darfst dir sechs Kinder als Mitstreiter suchen. Gemeinsam schafft ihr es.«

Dies wird nun von den Kindern erfolgreich ausgeführt.

Das bedeutet für uns: Auf unserem Lebensweg wird es immer wieder Hindernisse, Probleme und Gefahren geben. Wir kämpfen mit aller Kraft, doch oft schaffen wir es nicht, sie aus eigener Kraft zu überwinden.

Gott sagt uns: »Du musst deinen Weg nicht allein gehen. Ich stehe dir bei.« Das Dabeisein Gottes wirkt sich in unserem Leben sehr unterschiedlich aus:

- Er öffnet uns die Augen, um Wege aus scheinbaren Ausweglosigkeiten zu finden.
- Er gibt uns Ruhe ins Herz, wenn etwas aussichtslos bleibt.
- Er schenkt uns - auch in der Gemeinde - Menschen, die bei uns sind und uns helfen.

Lesung
Teil 3 aus: Psalm 23 (Übertragung)
Wenn mein Weg schwierig wird
und sich Gefahren gegen mich stellen,
bekomme ich Angst.
Aber ich bin nicht allein,
der Herr behütet mich und hilft mir.

Lied
»Herr, du ...«, Vers 3: »Wenn wir in Gefahr sind, du bist bei uns.«

5. Aufgabe

Hinweis auf das Plakat am Altar: »Zu Hause«.

Alle unsere Wege führen immer wieder in unser Zuhause. Wenn wir aus der Schule kommen, von unseren Freunden, von der Arbeit.

Die Kinder, die Lust haben, dürfen einfach noch mal den Weg nach vorn gehen bis zum Altar.

Das meint: Gott hat unseren Lebenswegen ein Ziel gegeben: das Zuhause bei ihm.

Schon jetzt können wir es erleben, uns bei Gott zuhause und geborgen zu fühlen. Dies ist nur ein Vorgeschmack von dem, was uns einmal bei ihm erwartet.

Lesung

Teil 4 aus: Psalm 23 (Übertragung)

Der Herr begleitet mich mein Leben lang
und bringt mich nach Hause.
Dort steht die Tür offen,
und der Tisch ist gedeckt.
Ich habe es gut bei ihm.
Ich kann für immer bei ihm bleiben.

Lied
»Herr, du ...«, Vers 4 »Kommen wir nach Hause, du bist bei uns.«

 10. Gebet

Herr, wir danken dir, du lässt uns nicht allein auf unserem Lebensweg.
Du streckst uns deine Hand entgegen.
Wir müssen nur zufassen.
Viele von uns haben es in ihrem Leben erfahren:
In Gefahren und Schwierigkeiten hast du gestützt und durchgetragen.

Herr, du zeigst uns durch dein Wort für unsere Schritte eine gute Richtung.
Herr, lass uns die Wegweiser entdecken.
Beim Hören und Lesen von deinem Wort gib uns gute Einsichten.

Herr, wir bitten dich für die Menschen, die gerade eine sehr schwere Wegstrecke in ihrem Leben gehen müssen:
Wir denken an die Menschen, die unter Krieg und Hunger leiden.
Wir denken an die Menschen, die so krank sind, dass sie keine Hoffnung mehr haben.
Wir denken an die Menschen, die sich so allein fühlen auf ihrem Weg.
Herr, erbarme dich.

Herr, wir freuen uns auf das Zuhause bei dir.
Es ist so gut: Unser Lebensweg hat ein Ziel.
Bitte, halte uns fest auf deinem Weg.
Lade noch viele ein, deine Wege zu gehen.

 11. Vaterunser

 12. Lied

»Vom Anfang bis zum Ende hält Gott seine Hände« (aus: DbH, siehe Pkt. 3)

 13. Segen

(Bewegungen, die man mit den Kindern zu diesem Segensgebet machen kann, werden beschrieben auf Seite 210 im Entwurf »Wie heißt denn du?«.)

Der Herr sei vor dir,
um dir den rechten Weg zu zeigen.

Der Herr sei neben dir,
um dich in die Arme zu schließen
und dich zu schützen.

Der Herr sei hinter dir,
um dich zu bewahren
vor der Heimtücke böser Menschen.

Der Herr sei unter dir,
um dich aufzufangen, wenn du fällst,
und dich aus der Schlinge zu ziehen.

Der Herr sei in dir,
um dich zu trösten,
wenn du traurig bist.

Der Herr sei um dich herum,
um dich zu verteidigen,
wenn andere über dich herfallen.
Der Herr sei über dir,
um dich zu segnen.

So segne dich der gütige Gott.
Amen.

 14. Segenslied

»Bewahre uns Gott, behüte uns Gott« (EG)

(Elisabeth Zschach)

14. Wenn Masken fallen ...

Thema:

Vor Gott müssen wir keine Masken tragen

Bibeltext:

Die Frau am Jakobsbrunnen: Johannes 4,1-42

Vorbereitung/Materialien:

- Korb mit Krawatte, Hawaii-Hemd, schwarze Anzugjacke (Pkt. 2)
- Vier Masken (Pkt. 6, siehe Kopiervorlage)

Mitarbeiter:

- Moderator
- Prediger
- Für die Spielszene: Maskenträger, Chef, Kind, Freund

1. Lied

»Gib mir ein Lächeln«

Refrain:

Gib mir ein Lä-cheln, ein Zwin-kern, ein freund-li-ches Ge-sicht und zeig die

Freu-de die in dir steckt, komm, lass uns stau-nen, wie plötz-lich die

Scha-le zer-bricht durch die Freu-de, die Gott in uns weckt.

1. Zeig dei - ne Freu-de und klatsch in die Hän-de (klatschen!) Zeig die

Freu - de, die in dir steckt (klatschen!)

Hän-de (klatschen!) Zeig die Freu-de, die Gott in dir weckt.

2. Zeig deine Freude und schnipp mit dem Finger ...
3. Zeig deine Freude und stampf mit den Füßen ...
4. Zeig deine Freude, sing »schniff-di-schneu« ... (statt klatschen: laut rufen: »Schniff-di-schneu«!)
5. Zeig deine Freude und lach dich frei ... (ha-ha-ha- ha!).
6. Zeig deine Freude, spring auf, schrei: »Zabong!« ... (»Zabong!«).

Text u. Musik: Rüdiger Gebhardt; Rechte beim Verfasser

2. Begrüßung I

Moderator geht mit Korb zum Mikrofon.

»Ich möchte Sie und euch zu unserem Gottesdienst heute Morgen ganz herzlich begrüßen.

Heute Morgen stand ich lange grübelnd vor meinem Kleiderschrank. Was sollte ich bloß anziehen? Wenn ich durch den Gottesdienst führe, sollte ich doch seriös aussehen *(Moderator bindet sich eine Krawatte um)*.

Ach, irgendwie fand ich's ein bisschen zu steif. Ich wollte unbedingt einen freundlichen, frischen, unkomplizierten Eindruck auf Sie und euch machen *(zieht sich das Hawaii-Hemd über)*.

Hm, hm, hm ... *(Moderator schaut zweifelnd an sich herunter).* Vielleicht ist das doch für einen Gottesdienst etwas zu schrill?

Schnell war die Lösung gefunden *(zieht ein schwarzes Jackett aus dem Korb)*. Aber nein, eigentlich trag ich das nur Weihnachten und auf einer Beerdigung.

Also, rein in die Kartoffel, raus aus der Kartoffel. Ich habe heute Morgen beschlossen: Ich bleibe einfach, wie ich bin. Na klar, natürlich nicht im Schlafanzug, sondern so, wie mich alle kennen.

Aber ich muss zugeben, sich anders zu kleiden, mal hin- und herprobieren macht auch Spaß. Als Kind habe ich mich sehr gern verkleidet. *(Moderator beginnt mit den Kindern ein Gespräch darüber, welche Verkleidungsgegenstände sie zu Hause haben und ob es ihnen Spaß macht, sich zu verkleiden.)*

 ## 3. Lied

»Komm, so wie du bist, komm in Lumpen, komm im Schlips« (aus: FJ)

4. Begrüßung II

Auch wir Erwachsenen verkleiden uns gern; ich meine nicht mit Kleidungsstücken. Obwohl, »Kleider machen Leute« - da ist ja was dran. Ich meine das Verkleiden mit inneren Masken.

Wie Gott mit unseren Masken umgeht, darum soll es in diesem Gottesdienst gehen.

Wir feiern diesen Gottesdienst im Namen des Vaters und des Sohnes und des Heiligen Geistes.

5. Lied

»Wir tragen viele Masken« (aus: Die Fontäne - grün, Schriftenniederlage des Evang. Jugendwerks in Württemberg, Stuttgart, 7. Auflage 1984)

6. Spielszene: »Wer bin ich?«

Der Maskenträger trägt die vier Masken übereinander und nimmt sie Szene für Szene ab.

1. Szene: Neutrale Maske

(Sie spricht langsam, nachdenklich:) Viele Menschen tragen in ihrem Leben Masken und schlüpfen in ganz verschiedene Rollen. Bin ich immer die, für die ich mich ausgebe? Wer bin ich wirklich? Zum Beispiel auf der Arbeit ...

2. Szene: Freundliche Maske

Maske *(spricht sehr mürrisch):* Ach, da kommt mein Chef! Der will immer, dass ich Kaffee mache - das hasse ich!

145

Maske 1

Maske 2

Maske 3

Maske 4

Chef *(gehetzt):* Frau äh, Dings, äh Pücheldorf! Sie haben aber auch einen komplizierten Namen! Haben wir noch Kaffee?

Maske: *(sehr freundlich):* Oh, das tut mir aber leid, wir haben leider keinen mehr fertig!

Chef: Wie ärgerlich!

Maske: Darf ich Ihnen frischen Kaffee machen??

Chef: Ach, eigentlich hab ich gar keine Zeit mehr. Ich muss zu einer Besprechung.

Maske: Ich bring Ihnen gern eine Tasse Kaffee in die Besprechung hinein.

Chef *(geht ab):* Gut, gut. Ach, auf Sie ist halt Verlass, Frau Pichel, äh Püchelhaus.

Maske *(nimmt die freundliche Maske ab):* Bin ich das, immer die Freundliche? Wer bin ich? Zum Beispiel neulich mit den Kindern.

3. Szene: Strenge Maske:

Kind *(sehr schuldbewusst):* Mama, ich glaub, ich hab' meine Hausaufgaben noch nicht gemacht.

Maske *(sehr zornig):* Waaaas? Es ist acht Uhr durch, du müsstest eigentlich schon im Bett liegen, und jetzt fallen dir die Hausarbeiten ein?

Kind: Na ja ...

Maske: Was hast du denn auf??

Kind: In Mathe 20 Aufgaben und in Deutsch muss ich die Seiten 5 bis 17 lesen und zusammenfassen.

Maske: Was? So viel?

Kind: Na ja, die Seiten 5 bis 12 hatten wir schon gestern auf.

Maske: Das darf doch nicht wahr sein! Wieso fallen dir solche Sachen mal wieder um 5 nach 12 ein? Ab morgen: Rote Karte! Kein Fußball, kein Game-Boy, kein Rausgehen, kein Fernsehen, bevor nicht alle Aufgaben gemacht sind. Ist das klar?

Kind *(sehr zerknirscht):* Ja.

Maske: Und jetzt aber fix!

(Dann nachdenklich): Bin ich das, immer die Strenge? Wer bin ich? Zum Beispiel damals, als ich Martin auf der Party kennenlernte ...

4. Szene: Sexy Maske

Martin: Du hast ja ein tolles Kleid an!

Maske *(spricht während der ganzen Zeit schmeichelnd, kokett):* Oh, danke!

Martin: Tja, dann ...

Maske: Ich würde gerne tanzen. Magst du?

Martin: Ach, eigentlich nicht.

Maske: Du hast recht, Tanzen finde ich eigentlich auch doof. Kannst du mir etwas zu trinken holen?

Martin: Ja! *(geht ab)*

Maske: Bin ich das, die sich immer nach anderen richtet? *(Nimmt die letzte Maske ab, steht ohne Maske da)* Wer bin ich? *(schaut auf die unterschiedlichen Masken in ihrer Hand)*

 7. Lied

 8. Kurzpredigt (Skizze)

Einstieg:

(Der Prediger geht mit zügigem Schritt in die Stuhlreihen hinein und zeigt auf einzelne Gottesdienstbesucher, die natürlich eingeweiht sind.)

»Sie sind doch diejenige, die bei Edeka immer alle Tomaten durchgrapscht?«

»Sie sind doch derjenige, der gestern kaum das Schlüsselloch gefunden hat!«

»Und Sie - Sie haben doch einen tollen Versicherungsschaden an Ihrem Auto getürkt!«

Das ist Ihnen wohl peinlich, nicht wahr?

(Prediger geht ans Mikrofon:) Bei einer Sache, die man eigentlich vor aller Welt verheimlichen möchte, erwischt zu werden, ist sehr unangenehm. Die Maske heruntergerissen zu bekommen - wer mag das schon?

Unsere Reaktionen sind auch gut einstudiert: abstreiten, entrüsten, ablenken. Und es bleibt die Frage: »Woher weiß der das?«

Überlegungen:

»Woher weiß der das?« Das war auch die Frage einer Frau, die Jesus begegnet.
(An dieser Stelle folgt eine knappe, anschauliche Erzählung der Begegnung zwischen Jesus und der Frau am Jakobsbrunnnen: Von der Samariterin sprechen, das Gespräch über das Wasser und die sich daraus ergebenden Missverständnisse.)

»Woher weiß der das?« Das war die Frage der Frau am Jakobsbrunnen, die Jesus aufgefordert hatte: »Hol deinen Mann!« Eine Maske wird dieser Frau vom Gesicht gezogen.

Aber es ist keine peinliche Situation - obwohl die Umstände und die Frage Anlass genug dafür wären.

Jesus ist nicht entrüstet - und die Frau muss nichts verleugnen und abstreiten.

Jesus ist nicht ein Wahrsager oder ein Hellseher, sondern ein Seelsorger: Er spricht die Ursache der meisten Probleme dieser Frau an, hilft ihr, die Maske herunterzulassen - aber ohne Publikum!

Schlussfolgerungen:

Jesus verhilft der Frau zum einem neuen Selbst-Bewusstsein (so wie ich bin, kann ich dem Messias in die Augen schauen). Mit diesem neuen Selbstbewusstsein kann sie auch den Menschen, die sie bisher verachtet haben, wieder in die Augen schauen: »Kommt und seht!«

Die Frau hat erlebt, wie erleichternd es ist, »reinen Tisch gemacht zu haben«.

Dies ist die Einladung Jesu an uns: Ich will dir helfen, die Masken deines Lebens abzunehmen.

(An dieser Stelle ausführen, welche Masken wir uns zulegen. Zum Beispiel niemanden an sich herankommen lassen; immer stark sein wollen ...)

Vielleicht probieren Sie es einmal aus und sagen Jesus, welche Masken Ihres Lebens Sie bedrücken. Sie können ihn dann bitten, Ihnen zu helfen, diese Masken abzulegen.

9. (Vortrags-)Lied

»Wenn du wüsstest, wer ich bin ...«

Refrain:

| D | G | A | D | G | A | D |

Wenn du wüss-test wer ich bin, wür-dest du mich um Was-ser bit - ten

| G | A | D | A | D |

und ei-ne Quel-le der E - wig - keit brä - che in dir auf.

| D | G | A | D | G | A | D |

Wenn du wüss-test wer ich bin, wür-dest du mich um Was-ser bit - ten

| G | A | D | A | A^7 | D |

und ei-ne Quel-le des Heil-gen Geis - tes wür - de in dir sein.

| G | D | A^7 | D |

1. An dem Brun-nen sitzt ein Mann, pumpt die Frau um Was-ser an.

| G | D | A^7 | D |

Spricht sie an, kennt sie ge - nau, nichts muß sie ver - bergen, die Frau.

| G | D | A^7 | G | D |

Er hat nichts, um zu schöp-fen bie-tet le-bendi-ges Was-ser an.

2. In der Arbeit, im Verein, in der Familie oder allein:
   wir versuchen unserm Leben durch unser Tun Sinn zu geben.
   Stopfen alles in uns rein, um endlich mal zufrieden zu sein.

3. Herr, stille unsern Durst nach Leben, du willst uns ja dein Wasser
   geben.
   Wenn wir nur nach dir fragen und ein Leben mit dir wagen,
   wird die Quelle in uns sprudeln und wir bei dir zu Hause sein.

Text u. Musik: Christian Flöther; Rechte beim Verfasser

 ## 10. Gebet

Herr,
manchmal ertappe ich mich dabei,
wie ich vor anderen und vor mir
ein Bild aufbaue.
Ein Bild von mir.
Und ich bin's nicht.

Herr,
du kennst mich.
Du kennst mein Innerstes.
Du weißt,
woran ich mich freue,
wovor ich mich verstecke.

Herr,
es ist so gut, daß ich vor dir loslassen darf.
Danke, Herr,
dass du mich dennoch annimmst.
Ich darf Vergebung erfahren.
Ich darf erfahren,
dass du neue Wege für mich bereit hältst.

Amen.

11. Glaubensbekenntnis

12. Lied

»Beten«, Chr. Zehendner, M. Staiger (aus: Come, follow Jesus - Christival-Liederbuch)
(Strophe 2: »In der Stille angekommen, leg ich meine Masken ab ...«)

13. Vaterunser
14. Segen

(Michael Braukmann, Dorothee Döbler und Christian Flöter)

Die besondere Aktion

15. Wie ein bunter Luftballon -
so kann Beten sein
(mit Luftballonfest)

Thema:
Beten ist das kindliche Vertrauen in Gott setzen, dass er hört und auf seine Weise antwortet

Bibeltext:
»Wenn ihr nicht umkehrt und werdet wie die Kinder, so werdet ihr nicht ins Himmelreich kommen.« (Matthäus 18,3)

Raumgestaltung:
Den Gottesdienstraum mit vielen bunten Luftballons schmücken

Vorbereitung/Materialien:
- Nena-Song »99 Luftballons« auf CD oder Cassette
- Zettel mit Gebetssymbolen vorbereiten (Pkt. 5) und unter die Stühle der Gottesdienstbesucher kleben
- Großen roten Ballon aus vier zusammengeklebten Plakatkartons vorbereiten (Pkt. 5)
- Folien mit den Beppo-Zeichnungen kopieren (Pkt. 8)
- Kleine ausgeschnittene, verschiedenfarbige Papierluftballons und Stifte (Pkt. 11)
- Filztafel mit Landschaftsbild bzw. große Wandzeichnung mit Landschaftsbild herstellen

- Leise Hintergrundmusik vom Band oder live (Pkt. 11)
- Für alle Teilnehmer zum Mitnehmen: kleiner Papierluftballon mit dem Spruch Jeremia 33,3 (Pkt. 16)
- Als Einladungszettel einen Einladung in Luftballonform entwerfen. An das Ende des Luftballons eine Schnur (Wollfaden) befestigen
- Eventuell Einüben des Liedes »Du bist meine Zuflucht und Stärke« oder »Wenn die Last der Welt dir zu schaffen macht« durch eine Gemeindegruppe (beide aus: FJ)

Mitarbeiter:
- Moderator
- Prediger
- Sprecher, der die »Geschichte vom roten Luftballon« vorliest (Pkt. 8.)

 1. Eingangsmusik

Den Nena-Song einspielen. Eventuell je nach musikalischen Möglichkeiten in der Gemeinde auf Klavier oder Keyboard live spielen.

 2. Begrüßung

Moderator kommt mit einem Bündel bunter Luftballons nach vorne. Sie können mit Gas gefüllt oder an Luftballonstäben befestigt sein.

Guten Morgen! - Keine Sorge - wir heben nicht ab in diesem Gottesdienst.

Im Gegenteil. Es wird gerade darum gehen, wie wir festen Grund unter unsere Füße bekommen. Aber ein kleiner roter Luftballon wird uns dabei helfen. Lasst euch, lassen Sie sich überraschen!

3. Lied

»Halli-Hallo, schön, dass du da bist«
(Echo-Begrüßungs-Lied)

Einstieg:

»Ich singe jetzt das Echo-Begrüßungs-Lied«!
Anfangen zu singen, kommt kein »Echo«, abbrechen:
»Also, ich singe jetzt das Echo-Begrüßungs-Lied«!
Kommt ein verhaltenes Echo, abbrechen:
»Ich singe nicht das« Echolein-Begrüßungs-Lied« sondern
das »*Echo*-Begrüßungs-Lied«!

Refrain: G   Fine

Hal - li!   Hal - lo!

D⁷   G

Schön, dass du da bist!   Mensch, was bin ich froh!

Letzter Refrain: D.C. al fine mit Ritardando!

C   G

1. Gott lädt uns al - le ein!   Jetzt sein Gast zu sein!

D⁷   G

Hol dir noch schnell 'nen Stuhl! Und setz dich noch da - zu!

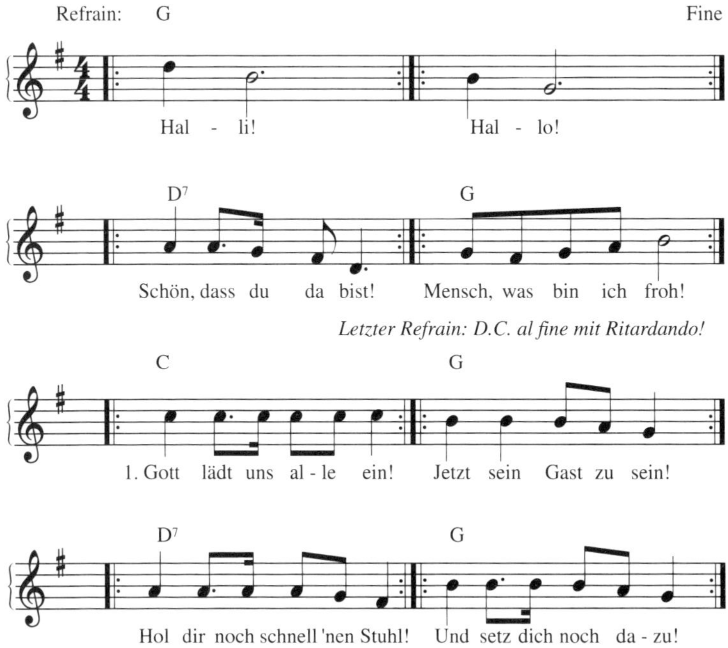

2. Gott will uns heute dienen! (Gott will uns heute dienen!)
Ist selber hier erschienen! (Ist selber hier erschienen!)
Legt seinen Geist in unsern Mund! (Legt seinen Geist in unsern Mund!)
Tut seine Liebe für uns kund! (Tut seine Liebe für uns kund!)

3. Und gleich geht es los! (Und gleich geht es los!)
Alte, Junge, Klein und Groß: (Alte, Junge, Klein und Groß:)
»Lasst uns singen, hören, beten (»Lasst uns singen, hören beten)
so vor seinen Altar treten!« (so vor seinen Altar treten!«)

Text u. Musik: Christian Flöther; Rechte beim Verfasser

 ## 4. Gebet

 ## 5. Aktion

Die Gottesdienstbesucher werden gebeten, unter ihren Stühlen nach angeklebten Zetteln (Symbole zum Thema »Gebet«) zu suchen. Die Kinder bringen die jeweiligen Zettel nach vorn.

Gebetssymbole

Ein oder mehrere Symbole kleben unter einem Stuhl.

Auf den Zetteln sind verschiedene Smily-Symbole abgedruckt, die einen Aspekt von Gebet darstellen. Groß und Klein sind aufgefordert, die Symbole zu erraten. Da die Symbole mehrfach auftauchen (jedes 2-3-mal), sind verschiedene Interpretationen möglich, zum Beispiel Freude, Dank, Lob beim lächelnden Smily.

Das erratene Symbol wird an den großen Plakatkarton-Luftballon geklebt, der gut sichtbar an der Wand klebt.

So reich ist Gebet. Wie aber kann das geschehen? Und was hat das alles mit einem Luftballon zu tun? - Gleich erfahren wir mehr.

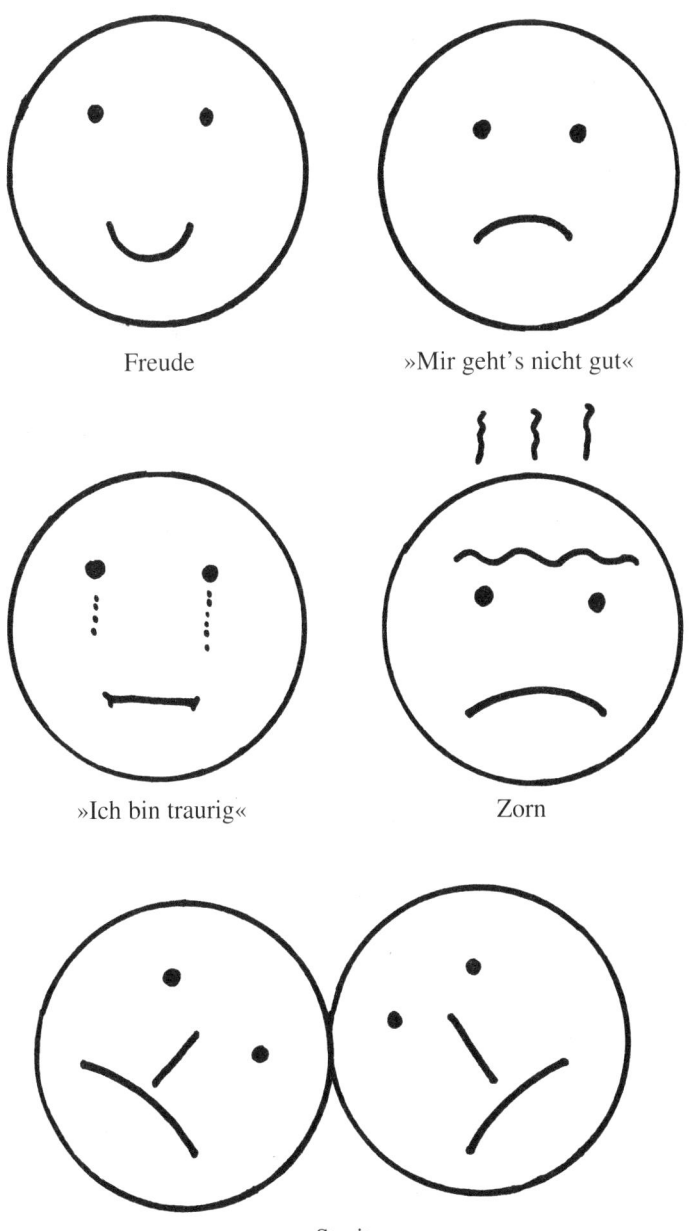

Freude

»Mir geht's nicht gut«

»Ich bin traurig«

Zorn

Streit

6. Lied

»1, 2, 3, hier geht es rund« (aus: DbH)

Alle Kinder werden nach vorn gebeten und singen es mit der Gemeinde.

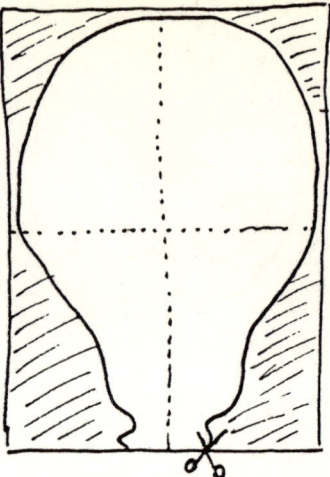

 ## 7. Anbetungsteil: »Singen kann auch beten sein«

- »Kommt, atmet auf, ihr sollt leben« (aus: FJ)
- »Gott is

t gut« (aus: FJ)

- »Danke, dass du mich so liebst« (aus: DbH)

 ## 8. Die Geschichte vom roten Luftballon

Die Zeichnungen zur Beppo-Geschichte werden auf Folien kopiert und über Overhead-Projektor parallel zur Erzählung gezeigt. Der Luftballon wird auf den Folien rot angemalt.

Alle Kinder waren in der Schule. Nur Beppo, acht Jahre alt, stand mutterseelenallein auf einem Hügel und starrte angestrengt zum Himmel hinauf. Dort oben war ein winziger roter Punkt. Seinetwegen hatte Beppo die Schule geschwänzt. Es war ein roter Luftballon. Beppo hatte 200 Lire geopfert, um ihn kaufen zu können. Das war eine Menge Geld für Beppo. Trotzdem hatte er den Luftballon gekauft - nur so zum Davonfliegenlassen?

Beppo hatte niemandem erzählt, was er damit anfangen wollte. Heimlich hatte er einen Brief geschrieben und ihn an der Schnur des Luftballons angebunden. Und als alle Kinder in der Schule waren, hatte er sich fortgeschlichen, um auf dem Hügel seinen Luftballon steigen zu lassen. Hoffentlich würde der Wind die Botschaft nicht abreißen!

»Lieber Gott«, stand mit großen Buchstaben auf dem Zettel geschrieben, »in ein paar Wochen bekomme ich ein kleines Geschwisterchen. Wir sind sechs Kinder, und meine Eltern haben wenig Geld. Das Kleine muss mit Pedro und mir zusammen schlafen, weil wir nicht genug Bettzeug haben. Bitte, lieber Gott, mach doch, dass ich dem Kleinen einen Strohsack zurechtmachen kann. Es darf etwas Gebrauchtes sein. Ich wohne in Arcole in Italien. Dein Beppo Sala.«

So hatte Beppo geschrieben, und er hoffte, dass der, für den der Zettel bestimmt war, ihn würde lesen können. Und als der kleine rote Punkt in der Höhe verschwunden war, trottete Beppo mit der Zuversicht nach Hause: Gott wird helfen.

Die nächsten Tage waren für Beppo nicht leicht zu ertragen. Er wartete voll Spannung. Aber nicht das Geringste geschah. Es war, als ob es seinen roten Luftballon niemals gegeben hätte. Das einzige, was sich ereignete, war, dass er nachsitzen musste, weil er die Schule geschwänzt hatte.

Aber dann geschah doch etwas. Es war am vierten Tag, nachdem er den Luftballon losgelassen hatte. Schon von weitem erkannte Beppo den Paketkarren des Postboten vor seinem Elternhaus. Aufgeregt stürmte er ins Haus. Drinnen fand er die ganze Familie in der Küche versammelt. Mitten auf dem Tisch lag ein Paket. Vater Sala zankte sich mit dem Postboten. Aus dem Stimmengewirr hörte Beppo den Bass seines Vaters heraus.

»Du willst Postbote sein, Antonio, und begreifst nicht einmal, dass dieses Paket unmöglich für uns sein kann?«

Der Briefträger rollte die Augen. »Du Dummkopf!«, schrie er. »Kannst du nicht lesen? Sala. Familie Sala. Da steht es!«

»Jawohl, so heißen wir. Aber wir kennen niemand in Rovigo. Und geschenkt nehme ich nichts; das weißt du. Nimm das Paket wieder mit!« Und damit versetzte der Vater dem Paket einen Stoß, so dass die zwei kleinen Sala-Kinder, die munter auf dem Fußboden herumkrochen, erschreckt unter den Tisch flüchteten.

Beppo hielt es nicht länger aus. »So macht das Paket doch auf!«, schrie er außer sich vor Erregung. »Dann werden wir ja sehen, ob es für uns ist oder nicht.«

Der Lärm verstummte. Unter den buschigen Brauen hervor warf der Vater einen finsteren Blick auf den vorlauten Sohn und überlegte. »Also, los!«, fuhr er dann den Postboten an. »Du hörst es doch, öffne!«

Hastig riss der Mann die Schnüre auf. Als er den Deckel abhob, wurde es ganz still in der Küche. Und alle sahen, wie es weiß aus dem Karton herausleuchtete: Windeln, Bettzeug und winzige Kinderwäsche! Die Sachen waren nicht gerade nagelneu, aber hell und sauber. Ein Schatz für die Familie Sala! Die Augen der Mutter leuchteten.

War es nicht ein Wunder, dass Gott ausgerechnet in Rovigo, fast hundert Kilometer von Arcole entfernt, ein Paket für die Familie Sala zur Post gab?

»Ein Glück, dass wenigstens kein Absender angegeben ist!«, dachte Beppo. »Nun kann der Vater das Paket nicht zurückschicken.«

Und während der Inhalt des Paketes von Hand zu Hand ging, schlich Beppo sich unbemerkt hinaus. Sein Herz war übervoll. Rasch, rasch eilte er zu dem Hügel, wo er vor vier Tagen den roten Luftballon zum Himmel geschickt hatte, und dankte dem gütigen Geber.

Barbara Irmgrund, Rechte bei der Autorin

 **9. Kurzpredigt**

Eine schöne Geschichte von Beppo und seinem Luftballon. Keine alltägliche Geschichte. Aber eine Geschichte von Gott, der unsere Gebete hört. Er hört, wenn wir ihn um etwas bitten, oder wenn wir ihm danke sagen für einen schönen Tag, ein Geschenk, den Frühling, unsere Familie, oder wenn er unsere Bitte erhört hat, so wie bei Beppo.

Ich weiß, die großen Leute schmunzeln jetzt ein wenig - natürlich nur innerlich; das habe ich auch getan, über Beppo und seine besondere Art, Gott seine Bitte zukommen zu lassen. Vielleicht schmunzeln wir, weil wir großen Leute denken: Wir wissen das ja, wie die Sache mit dem Luftballon und dem Päckchen aus dem anderen Dorf ging. Ja, ja, wir sind eben schon groß ... Und weil wir schon groß sind, ist unser Vertrauen so klein geworden.

Jesus sagt einmal: »Wenn ihr nicht umkehrt und werdet wie die Kinder, so werdet ihr nicht in Gottes Herrschaftsbereich hineinkommen.« (Matthäus 18,3) Was zeichnet Kinder aus? Kinder denken nicht groß. Sie vertrauen. Sie können noch nichts bringen. Sie erwarten alles. Und wenn Kinder etwas bekommen, dann freuen sie sich manchmal so sehr, dass sie darüber alles andere vergessen, sogar das Dankeschön.

Werdet wie die Kinder? Gilt nicht das, was Jesus grundsätzlich zu unserer Beziehung zu Gott sagt, auch für unser Beten?!

Was meint ihr, Kinder, was war wohl das Wichtigste an der Geschichte von Beppo? War es der Luftballon oder der Berg oder der Postbote - oder was war es? *(Antworten abwarten, aufnehmen, eventuell kurz kommentieren, und hoffen, dass das Stichwort »Vertrauen« fällt. Ansonsten viel Spaß beim Antwort geben helfen ...).* Genau: Das Wichtigste war das Vertrauen, das Beppo hatte. Er wusste genau: Gott hilft mir. Nicht der Luftballon war das Wichtigste, sondern Beppos Vertrauen: Gott hört mein Gebet. So ist Gott. Gott hört und erhört. Gott erhört auf seine Weise, durch andere, mit Wundern oder auch mit Schweigen. Auch so kann Gott antworten. Weil er am besten weiß, was für uns gut ist.

Oder wie ist das bei euch, bekommt ihr immer alles, was ihr euch von eurem Vater oder eurer Mutter wünscht? *(Unter Garantie sagt irgendein Kind: »Nein.«)* Ihr bekommt es nicht, weil eure Eltern wissen, was das Beste für euch ist. Und nicht alles, was wir uns wünschen, ist gut für uns. So ist das auch bei Gott. Nicht alles, was wir bitten, bekommen wir, weil er ein guter Vater ist, der weiß, was das Beste für uns ist. Beppo vertraute Gott, und Gott hat sein Gebet erhört. Wie wäre es, wir würden wieder anfangen, groß von Gott zu denken? Ihm zu vertrauen wie ein Kind?

Eine schöne Geschichte. Keine alltägliche Geschichte, wie Beppo sein Gebet mit einem Luftballon zu Gott schickt. Aber vielleicht unsere, Ihre, eure, meine Geschichte in der nächsten Woche. Ganz anders, aber mit dem gleichen Vertrauen zu Gott, wie Beppo das hatte. Gott lädt uns dazu ein.

10. Lied(-Vortrag)

»Du bist meine Zuflucht und Stärke« (aus: FJ)
oder: »Wenn die Last der Welt dir zu schaffen macht« (aus: FJ)

11. Aktion: Gebets-Luftballons

Die Kinder verteilen kleine Papierluftballons und Stifte an alle Gottes-
dienstteilnehmer. (Die Luftballons können im Kindergottesdienst oder
in der Kinderstunde der vorangehenden Woche ausgeschnitten und
mit Klettband für die Filztafel versehen werden; alternativ Tesafilm
für Wandbild bereithalten.) Nun hat jeder Zeit, auf seinen »Gebets-
Luftballon« das zu schreiben, was ihn bewegt. Dazu wird über Band
leise Musik eingespielt oder von Musiker/Team live gemacht.

Anschließend werden die Luftballons von den Kindern eingesam-
melt und an die Filztafel bzw. an das Wandbild geheftet.

Der Moderator kann einige Luftballons laut lesen. Er sollte deut-
lich machen, dass Gott die lauten und leisen, die geschriebenen und
die ungeschriebenen Gebete hört.

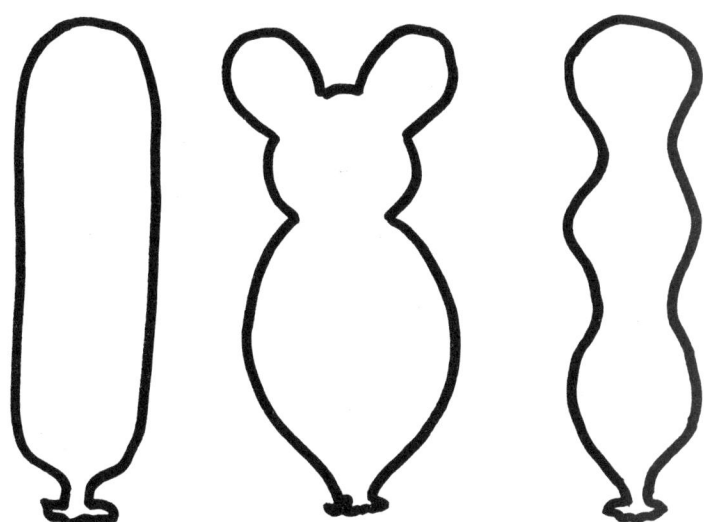

12. Lied

»Danke, mein Vater, für alles, was du schenkst« (aus: Ich will dir danken, Lieder für die Gemeinde, Bundes-Verlag, Witten 1991)

13. Verteilen der Luftballons mit Spruch Jeremia 33,3

Zum Mitnehmen bekommen alle Gottesdienstteilnehmer einen kleinen, auf buntes Tonpapier kopierten Luftballon mit dem Vers: »Gott spricht: Rufe zu mir, dann will ich dir antworten und dir große und geheimnisvolle Dinge zeigen, von denen du nichts weißt.« (Jeremia 33, 3)

Gott spricht:
"Rufe zu mir, dann will ich dir antworten und dir große und geheimnisvolle Dinge zeigen von denen du nichts weißt."
(Jeremia 33,3)

14. Segenslied

»Gott, dein guter Segen ist wie ein großes Zelt« (aus: Kilibu)

Es schließt sich an:

Das Runde-bunte-super-Luftballonfest

Luftballonfest

Vorbereitung/Materialien:

- Rechtzeitiges Bestellen der Ballons, der Ballonclowns, Spiel-materialien (siehe bei den einzelnen Spielen). Bestelladresse: Hach Artikel für Werbung, Bahnhofstr. 57, 64401 Groß-Biberau, Tel. 06162-8030).
- Kopieren der Einladungen auf buntes Tonpapier. Die Ballons werden ausgeschnitten, am unteren Ende wird eine Schnur befestigt. Auf die Rückseite wird die Adresse, Veranstalter, Beginn und Ende des Festes gedruckt
- Für ein Kuchenbuffet reichlich Kuchen backen
- Raumschmuck: Unter die Decke wird an zwei Enden eine durchsichtige Plastikfolie (Abdeckplane) aufgehängt. Dort hinein werden zur Dekoration bunte Luftballons gelegt (siehe Spiel: Fragen im Luftballon).
- Beschriftete Luftballons (zum Beispiel »Gott liebt Kinder«, »Jesus lebt« - im christlichen Buchladen erhältlich) werden mit doppelseitigen Klebestreifen an der Decke befestigt, so dass sie lesbar von der Decke hängen.
- Der übrige Raum wird mit Papierschmetterlingen, Blumen und Girlanden geschmückt.
- Einen zwei- oder dreireihigen Stuhlkreis stellen. Jeder Gast bekommt einen Platz.

 **Begrüßung**

 **Lied**

»Wir feiern heut' ein Fest« (aus: Kilibu)

 Spiele

Ein Spielleiter sagt die Spiele an und zählt die Punkte der Gruppen. Es geht nicht nur darum, zu gewinnen, sondern zusammen zu spielen und Spaß zu haben.

a) Gruppen bilden

Material: noch nicht aufgepustete Luftballons in 4 verschiedenen Farben.

Spielablauf: Jeder Gast bekommt einen Ballon. Die zusammengehörenden Farben sollen sich finden, ihre Ballons aufblasen (ohne dass sie platzen) und zu einem Strauß zusammenbinden. Der Strauß wird zur Markierung der Gruppe an einen Stuhl gebunden.

Bewertung: Schnelligkeit und Schönheit.

b) Ballontreiben

Material: 2 Zeitungsrollen, 2 aufgepustete Ballons, 2 Eimer, Start- und Ziellinie.

Spielablauf: Es spielen je 2 Gruppen gegeneinander. Von jeder Gruppe startet jeweils ein Spieler. Ziel des Spieles ist, den Ballon mit der Zeitungsrolle vom Start am schnellsten zum Ziel zu transportieren und in den Eimer zu legen. Der Ballon darf nicht mit den Händen berührt werden, sonst beginnt der Spieler wieder am Start.

Die Gewinner bestreiten das Finale, die Verlierer kämpfen um den dritten Platz.

c) Luftballonpuzzle

Material: 4 Bogen Tonkarton, in Form verschiedener Ballons ausgeschnitten und zu einem Puzzle zerteilt.

Spielablauf: Jede Gruppe legt ein Puzzle zusammen.

Bewertung: Schnelligkeit und richtiges Zusammenlegen.

d) Energiesparspiel

Material: 2 nicht aufgepustete Ballons, 2 Tischtennisbälle.

Spielablauf: Es spielen je 2 Gruppen gegeneinander, je ein Spieler pro Gruppe startet. Der Spieler pustet den Ballon auf und treibt den Ball mit der Luft aus dem Ballon von einer Startlinie zum Ziel. Wem die Luft ausgeht, muss nachpusten.

Die Gewinnergruppen kämpfen noch mal um den ersten Platz, die Verlierer um den dritten.

e) Autowettfahrt

Material: 4 Plastikautos mit Ballonantrieb (von Hach).

Spielablauf: Die Wagen sollen mit Luftantrieb vom Start zur Ziellinie befördert werden. Je ein Spieler pro Gruppe startet.

f) Aufgaben im Luftballon

Je eine der folgenden Aufgaben wird auf einem Papierstreifen in einen Luftballon gesteckt. Die Ballons werden aufgepustet und in einer

Folie, die unter der Decke gespannt ist, gesammelt. Abwechselnd darf je ein Spieler jeder Gruppe einen Ballon zum Platzen bringen und die inliegende Frage vorlesen. Die Gruppe hat 1 Minute Zeit, die Aufgabe zu beantworten. Jede richtige Antwort gibt einen Punkt.

Zum Einstechen in die Ballons haben wir einen Korken mit einem aufgesteckten Nagel benutzt.

Fragen:

- Nenne drei Frühlingsblumen! (Krokus, Narzisse, Tulpen und viele andere)
- Nenne einen bekannten kleinen und einen großen Zugvogel! (Schwalbe, Storch)
- Wann ist der Frühling kalendarisch zu Ende? (20. Juni)
- Wann wurde in diesem Jahr die Uhr auf Sommerzeit umgestellt?
- Nenne zwei bekannte Begriffe, in denen Frühling oder Frühjahr vorkommt! (Frühjahrsmüdigkeit, Frühjahrsputz, Frühlingsgefühle)
- Wann beginnt der Frühling kalendarisch? (20. März)
- Nenne drei Feiertage im Frühling! (Ostern, 1. Mai, Himmelfahrt, Pfingsten)
- Welche Jahreszeit ist zur Zeit in Australien?
- Was heißt Frühling auf Englisch? (Spring)
- Welcher Nadelbaum bekommt im Frühling vollkommen neue Nadeln? (Lärche)
- Nenne einen bekannten Volksbrauch im April! (Aprilscherz)
- Welche Eigenschaften werden dem Monat April nachgesagt? (Launisches Wetter, Aprilwetter)
- Nenne ein Lied, in dem der Mai vorkommt! (Singen! Der Mai ist gekommen)
- Nenne ein Tier, in dem der Mai vorkommt, und ein klassisches Kinderbuch, in dem dieses Tier eine Rolle spielt! (Maikäfer, Wilhelm Busch, »Max und Moritz«)
- Nenne zwei Blumen, in denen ein Frühlingsmonat vorkommt! (Maiglöckchen, Märzbecher)
- Wer ist mit Adebar gemeint und welche Tätigkeit schreibt man ihm zu? (Storch; bringt die Neugeborenen)

170

- Singe ein Lied, in dem der März vorkommt! (»Im Märzen der Bauer die Rösslein einspannt«)
- Nenne ein Getränk, in dem der Mai vorkommt! (Maibowle, Maibock)
- Wie nennt man den Mai noch? (Wonnemonat)
- Wodurch ist astronomisch der Wechsel vom Frühling auf den Sommer gekennzeichnet? (Sonnenhöchststand, längste Sonnenscheindauer)

Nach Auswertung der Punkte bekommt die Siegergruppe einen kleinen Preis (goldene Kugel), die anderen Gruppen werden mit einer anderen Kleinigkeit (weiße Kugel) für ihren Einsatz belohnt.

Das Kuchenbuffet wird eröffnet, im Garten werden weitere Spiele angeboten.

g) Luftballonclown

Material: 62-teiliges Set für einen Luftballonclown.

Spielablauf: Gemeinsam werden Ballons aufgepustet und nach Anleitung zu einem 2m großen Clown zusammengebaut.

h) Pfeilwerfen

Material: große Korkplatte, darauf aufgepustete Ballons mit Heftzwecken befestigen, 3 Dartpfeile.

Spielablauf: Jeder Spieler versucht mit 3 Würfen, 3 Ballons zu treffen.

i) Luftballons rasieren

Material: 2 Eimer, prall aufgepustete Ballons, Rasierschaum, 2 alte, scharfe Rasiermesser.

Spielablauf: 2 Spieler versuchen, möglichst schnell einen eingeseiften Ballon zu rasieren, ohne das dieser zerplatzt. Die Eimer dienen als Halterung für die Ballons.

k) Wurfspiel für Kleinkinder

Zum Werfen haben wir mit Sand gefüllte Ballons genommen.

l) Wurfwand

Material: Große Spanplatte mit unterschiedlich großen Löchern, 3 mit Sand gefüllte Ballons.

Spielablauf: Spanplatte aufstellen (Baum). Die kleineren Löcher werden mit einer höheren Punktzahl gewertet. Jeder Spieler darf 3-mal werfen, jüngere Spieler dürfen sich näher an die Wand stellen.

(Sabine und Ulrich Flottmann und Jutta Franke-Knecht)

16. So ein Zirkus - Eine Kinderzirkus-Vorstellung als Gottesdienst

Thema:
Zu Gott zurück finden

Bibeltext:
Verlorener Sohn: Lukas 15,1-24

Vorbereitung/Materialien:
Die Dekoration kann flexibel gestaltet sein. Ein Vorhang, durch den die Zirkuskünstler auf die Bühne kommen können, macht sich gut. Außerdem können die Kopiervorlagen (Clown und Jongleur) auf Folie kopiert und dann mit einem Overhead-Projektor auf ein Plakat projiziert werden. Damit kann man in jeder beliebigen Größe die Bilder nachmalen. Wenn die Umrisse gemalt sind, können die Kinder diese Dekoration mit Wasserfarben ausmalen.
- Jongliertücher, verschiedene Jongliergeräte (Pkt. 5)
- Flöte, Gitarre, Akkordeon oder anderes Instrument für einen Clown (Pkt. 7)
- Großer Bilderrahmen ohne Glas und Bild, Krawatte, Hut, Zahnbürste (Pkt. 10)
- Schwarze Stoffumhänge (Pkt. 11)

Schminktips:
Zum Schminken braucht man einen Spiegel, eine Dose Abschminke, Schminkstifte in Rot und Schwarz und eine Dose Clown-Weiß. Diese Dinge sind nicht leicht zu finden.

In Jongliergeschäften bekommt man sie meistens. Man kann sich aber auch anders helfen: Statt der Schminkstifte kann man schwarzen Augenbrauenstift und roten Lippenkonturenstift nehmen (auf keinen Fall normalen Lippenstift). Wenn man Clown-Weiß nicht bekommt, kann man sein Gesicht ein wenig mit Hautcreme einfetten und dann mit weißem Puder bedecken. Wenn man die Augenbrauen auch überweißen will, muss man sie vorher mit Seife einreiben.

Die Augen werden mit der schwarzen Stangenschminke oder dem Augenbrauenstift gerändert. Für die Augenbrauen kann man seiner Fantasie freien Lauf lassen. Der Mund sollte eher klein umrandet werden. Er wird mit dem roten Stift den eigenen Lippen nachgezogen. Ein paar Beispiele - siehe unten.

Mitarbeiter:
- 2 Zirkusdirektoren/Moderatoren: 1 Kind, 1 Mitarbeiter
- Akrobatikgruppe und mehrere Mitarbeiter zum Absichern
- 3 Clowns
- Jongliergruppe
- Trickkünstler
- Prediger

Allgemeines

Der Kinderzirkus-Gottesdienst braucht eine längere »Vorlaufzeit«. Er ist so konzipiert, dass man mit Kindern bestimmte Elemente einstudiert und dann vor Eltern, Verwandten und Freunden aufführt. Zur Vorbereitung gibt es zwei Möglichkeiten:
1. Man plant etwa über ein halbes Jahr wöchentlich eine Übungsstunde für die Kinder ein.
2. Man veranstaltet eine Freizeit, Kinderbibelwoche oder Ähnliches mit den Kindern, wo das Programm in einem »Intensivkurs« entworfen und eingeübt wird.

Bei den Übungsstunden oder auf der Übungsfreizeit dürfen die Kinder ihrer »Arbeitsgruppe« einen eigenen Namen geben (zum Beispiel

für die Trickkünstler: Trixis). Allgemein sollte man - bei allen wichtigen Vorbereitungen - darauf achten, dass die Kinder noch Spielraum haben, eigene Wünsche zu äußern und Ideen einzubringen.

Ein solcher Gottesdienst hat gegenüber anderen folgende Vorteile:
- Kinder werden zur Kreativität angeleitet.
- Kinder (und Eltern) sehen bei sich selbst einen Erfolg durch die abschließende Aufführung.
- Eltern, Verwandte und Freunde sind eher bereit, einen Gottesdienst zu besuchen, wenn ihre Kinder dort ihr Können demonstrieren.
- Wichtiger Hinweis: Natürlich kann dieser Gottesdienstentwurf auch in »abgespeckter« Form gut verwendet werden und erfordert dann weniger Vorbereitung.

Literaturtips

M. Mala, Zauberei und Gaukelkunst, Ökotopia Spielevertrieb Münster

Elmar Müller, Manegenzauber, Don Bosco Verlag München

K. Borkens, Das kleine Gauklerhandbuch, Ökotopia Verlag

D. Finnigan, Alles über die Kunst des Jonglierens, DuMont Buchverlag Köln

H. Schmalenbach, Spielbare Witze für Kinder, Falken-Verlag, Niedernhausen/Ts.

 1. Begrüßung und Moderation

Die beiden Zirkusdirektoren begrüßen und moderieren. Bei der Begrüßung werden besonders die Eltern, Verwandten und Freunde erwähnt. Gegebenenfalls kann von Kind oder/und Mitarbeiter ein kurzes Gebet gesprochen werden.

2. Akrobatikbegrüßung

Die Kinder der Akrobatikgruppe laufen zu Musik in die »Manege« (die Bühne) ein. Das erste Kind läuft, das zweite hängt die Beine über die Schulter des ersten. Das dritte Kind umfasst das zweite unter den Armen an der Brust, das vierte Kind hängt wieder die Beine über die Schulter der dritten Person usw.

 ## 3. Lied

»Alles jubelt, alles singt« (aus: MLDL)

 ## 4. Spielszene: Begrüßungsstück der Clowns

Mini und Maxi (oder zwei andere Namen) begrüßen das Publikum. Maxi erscheint mit einer Bibel in der Hand auf der Bühne, Mini ist schon da und spricht ihn an.

Mini: Oh, guten Tag, meine Damen und Herren.

Maxi: Ach, hallo, Mini.

Mini: Mensch, Maxi, dass wir uns mal wieder sehen ...

Maxi: Ja! Schön, dass ich dich hier treffe. Wo geht's hier eigentlich zur Kirche ... da will ich nämlich gerade hin?

Mini: Geradeaus!

Maxi: So ein Pech! Da will ich schon mal zur Kirche gehen, und dann ist sie gerade aus ... Und wo kommst du gerade her?

Mini: Aus dem Schönheitssalon.

Maxi: Und warum bist du nicht drangekommen?

Mini: So musst du mir gerade kommen. Du glaubst ja gar nicht, wie ich im letzten Urlaub umschwärmt worden bin.

Maxi: Ja, ja, bei uns war das auch so schlimm mit den Mücken.

Mini: Komm, hör auf, Maxi, hier läuft schließlich ein Programm. Hast du eigentlich schon die ganzen Leute hier begrüßt?

Maxi: Nee. *(Geht ins Publikum und schüttelt verschiedenen Zuschauern die Hände.)*

Mini: Mensch, Maxi, du bist doch der größte Blödmann hier im Saal ...

Maxi: Wie kannst du das behaupten? Du kennst doch die Leute gar nicht alle ...

 ## 5. Jongliervorführung

Je nachdem, was die Kinder in den Übungsstunden oder auf der Freizeit an Können erworben haben, wird die Vorführung gestaltet. Es bietet sich an, die Vorführung mit einer rhythmischen Musik zu untermalen.

Am Anfang können alle Kinder mit Jongliertüchern zur Musik jonglieren (das ist so einfach, dass es jeder innerhalb von kurzer Zeit lernen kann, vgl. die angegebene Literatur). Danach Ball-Jonglage und danach die anderen Jongliergeräte. (Arbeitshilfe zur Jonglage - siehe Literaturtips.)

6. Lied

»Halleluja mit Händen und Füßen« (aus: MLDL)

7. Der Bettlerclown

Kollekte- oder Opfereinsammeln mal ganz anders. Der Clown kommt herein und stellt sich bewegungslos auf die Bühne. Er hat ein Instrument, das spielbereit angesetzt ist (Flöte, Akkordeon, Gitarre oder Ähnliches). Nun laufen zwei weitere Clowns durch die Reihen und sammeln Münzen. Jedes Mal, wenn eine Münze laut in den Behälter fällt - so erklären sie -, wird der Bettlerclown aus dem Schlaf erwachen und ein paar Takte Musik spielen. Bei manchen kleinen Münzen spielt er nur einen Takt, und die Leute werden von den »Sammlerclowns« gebeten, etwas mehr zu geben.

Irgendwann, nach relativ kurzer Zeit, unterbricht einer der Zirkusdirektoren und erklärt das Opferprojekt. Danach wird weitergesammelt.

8. Playbackshow

Die Kinder suchen sich während der Übungsstunden ein schönes Lied aus und üben dazu eine Playbackaufführung ein. Dazu können sie sich verkleiden, sie können eine Choreographie aufführen oder einen Tanz überlegen.

9. Akrobatikaufführung

Die Akrobatikgruppe muss - wie die Jongliergruppe - sehr viel üben.

Die Akrobaten gestalten miteinander Gebilde aus ihren Körpern. Dazu läuft wieder Musik.

Bei Akrobatik muss man darauf achten, dass genügend Mitarbeiter zum Absichern der Kinder beim »Auf- und Absteigen« da sind.

Die Mitarbeiter sollten sich vorher aus geeigneter Literatur gut über Akrobatik informieren (siehe Literaturliste).

 10. Der zerbrochene Spiegel - Clownszene

August, einer von zwei Clowns, soll für den anderen Clown einen Spiegel holen. Ein lautes Klirren und Scheppern hinter der Kulisse zeigt an, dass August den Spiegel zerbrochen hat. Was tun?

Er stellt den leeren Rahmen auf der Bühne auf und doubelt auf der anderen Seite alle Bewegungen des zweiten Clowns. Der zweite Clown kämmt sich, bindet seine Krawatte, dreht seinen Kopf, setzt einen Hut auf und wieder ab, putzt seine Zähne ... Irgendwann klaut August dem anderen die Zahnbürste und rennt weg. Der zweite Clown bleibt erst erstarrt sitzen und verfolgt dann August nach draußen.

11. Trickkünstler

Die Trickkünstler bekommen schwarze Stoffumhänge. Dann beginnen sie mit verschiedenen Tricks.

Gegen Ende kommen die Seiltricks als Überleitung zur Verkündigung.

Fantasta

Effekt:

Aus einem leer vorgezeigten Gerät werden Massen von Tüchern hervorgezaubert. Am besten nimmt man Chiffontücher, die sehr wenig Platz wegnehmen. Die Fantasta kann man aus Holz oder Pappe herstellen (siehe Abbildung 1-6).

Vorführung:

Einer der zwei Trickkünstler hält ein aus mehreren Teilen zusammengesetztes Gerät. Es besteht für den Zuschauer aus einer Bodenplatte, einer viereckigen »Röhre« (ihre Vorderwand ist durchbrochen, so dass man ins Innere sehen kann) und einer runden Röhre. Zunächst wird der äußere durchbrochene Tubus vom zweiten Trickkünstler hochgehoben und leer vorgezeigt (zusammengeklappt). Nachdem der wieder zurückgestellt wurde, zieht der »Vorzeiger« die Innenröhre heraus und zeigt sie leer vor.

Zugleich kann das Publikum durch die durchbrochene Vorderseite des Vierkanttubus erkennen, dass dieser leer ist.

Wird die runde Innenröhre in den Vierkanttubus zurückgestellt, kann die Massenproduktion aus der Innenröhre beginnen.

Geheimnis:

Es spielt noch eine weitere Röhre mit, die etwas niedriger ist als die Innenröhre und etwas schmaler. Sie ist von außen mit schwarzem Velours-d-c-fix beklebt. Der Vierkanttubus ist ebenfalls von innen mit schwarzem Velours-d-c-fix beklebt. Das ist schon alles.

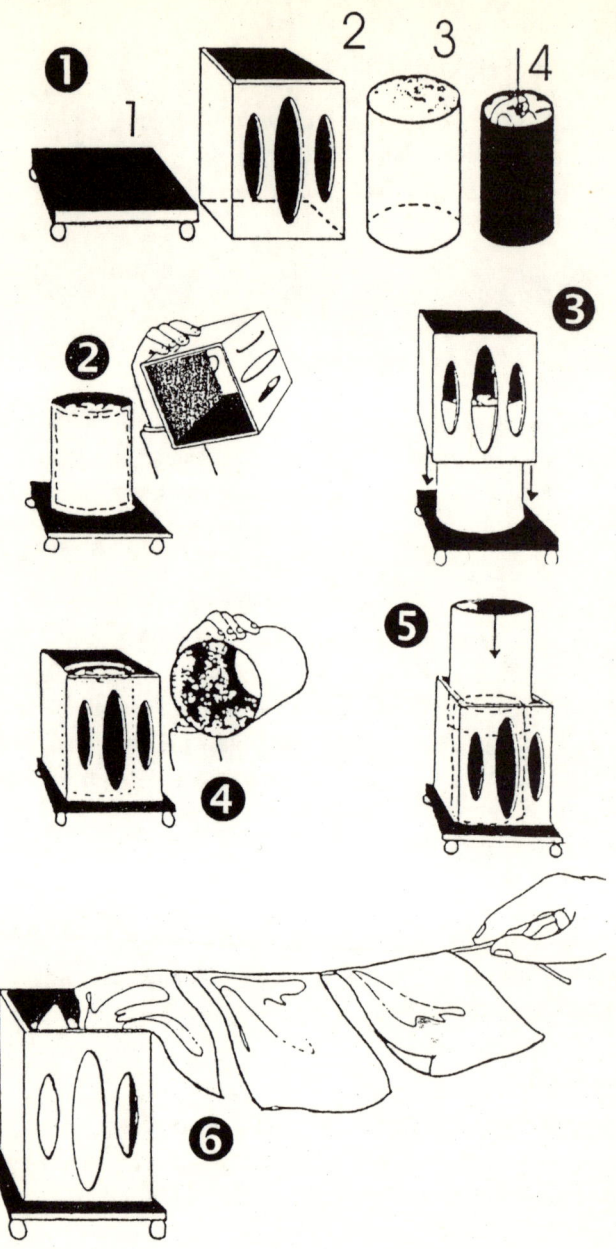

Wenn man nämlich jetzt die innere Röhre in zusammengesetzem Zustand aus dem Vierkanttubus herauszieht, wirkt er leer. Durch die durchbrochene Vorderwand kann man nicht erkennen, dass sich im Inneren noch das Ladekaschee befindet.

Die magische Kiste

Die Kiste eignet sich für einen Schüler mit etwa 1,50 m Größe.

Außenmaße der Kiste: Höhe 80 cm, Breite 60 cm, Tiefe 60 cm.

In dieser Kiste kann man im Schneidersitz seitlich verschoben so sitzen, dass 11 Degen, Stäbe oder Ähnliches durch die dafür vorgesehenen Löcher geschoben werden können. Die Kiste kann zerlegbar

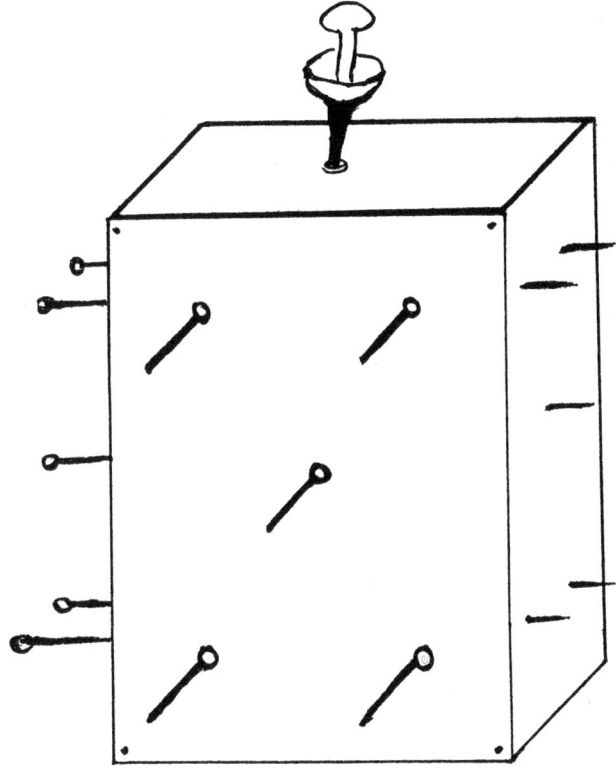

gebaut werden aus vier Stück 10 mm starken Sperrholz- oder Span-
platten (80 x 60 cm) und einer Deckelplatte (60 x 60 cm). Für die
Deckelauflage und unterwärts werden Lattenrahmen eingeleimt. Alle
Ecken werden innen mit Farbpunkten für die Zuordnung gekennzeichnet. Acht Schrauben halten dann alles zusammen.

Die Löcher werden genau gegenüberliegend wie eine Fünf beim
Würfeln gebohrt. Dabei werden beide Platten gleichzeitig gebohrt.
Mitten in den Deckel wird ein Loch für den 11. Degen gebohrt (auch
als Griffloch zu benützen).

Die Kiste sollte schwarz angemalt werden, weil dunkle Körper
kleiner wirken. Als »Degen« nimmt man mit Bronzelack besprühte
Rundhölzer mit ca. 120 cm Länge und 10 mm Stärke, die vorne ange-
spitzt werden.

Jetzt können durch die auffällig markierten Löcher Degen »durch-
gestochen« werden, ohne dass die Person in der Kiste berührt wird.

 12. Kurzpredigt

*Zur Erklärung: der Name »Darby« kommt aus der Lutherübersetzung.
Dort steht: »Und er fing an zu darben ...''*

Ich las neulich in einem Buch die Lebensgeschichte von Darby. Er
lebte ganz gut. Darby war - wie du und ich - ein normaler Mensch.
Ihm fehlte nicht viel. Er hatte jeden Tag genug zu essen. Er hatte ein
Zuhause, er hatte Freunde, er hatte Arbeit - kurzum: Er hatte alles,
was er zum Leben brauchte. Und doch: Er war einfach nicht zufrieden. Es gab noch zu viele Dinge, die er nicht ausprobiert hatte. Ir-
gendeine innere Unruhe und ein Wissen, dass es noch tausend Dinge
geben musste, die er nicht kannte, ließen ihn nicht los. »Mein Leben
verläuft mir zu ruhig. Das kann doch nicht das Leben sein.« Wenn
Dabeisein so langweilig war, dann wollte er besser nichts mehr damit
zu tun haben.

Manchmal wurde sein Leben allerdings auch interessant - immer
dann, wenn er sich mit seinen Geschwistern oder Eltern in die Haare
kriegte.

Darby wollte wissen, wie das ist, wenn man genug Geld hat. Wenn man sich Freunde kaufen kann. Seine Eltern waren sehr wohlhabend. Alles konnten sie sich leisten und ihren Söhnen bieten. Das brachte Darby dann auch auf die Idee, seinen Eltern eine ganze Stange Geld abzuknöpfen. Gedacht, getan! Er schnorrte das Geld und wanderte aus. Er kam in sein Traumland.

Von dieser Zeit an verlief sein Leben alles andere als ruhig. Keine Langeweile mehr. Er nahm sich alles, was er wollte. Er kam an, er hatte ja Geld. Einer, der Geld hat, kommt immer an. Wenn er etwas Schönes zum Anziehen in den Läden fand, kaufte er es. Wenn er Lust auf Kaviar hatte, kaufte er. Wenn er eine neue CD klasse fand, schaffte er sie sich an.

Plötzlich war Abwechslung in seinem Leben. Endlich konnte er sagen: Ich habe alles ausprobiert. Darby genoss es. Darby lebte! Das dachte er jedenfalls.

Sein Leben lief einige Zeit in dieser Weise, bis er dann eines Tages auf der Bettkante sitzend in seinem Geldbeutel den letzten 100-Mark-Schein entdeckte ... Auf einen Schlag wurde ihm klar, dass es nun aus war mit dem glücklichen Leben. Er war nicht mehr dabei - er war draußen. Tja, so ist das eben!

In der folgenden Zeit war sein einziges Glück, wenn er genug zu essen hatte ... Das war dann auch der Zeitpunkt, an dem er anfing nachzudenken.

Wir unterbrechen kurz die Geschichte für ein Beispiel:

Die Trickkünstler haben uns verschiedene Tricks mit Seilen gezeigt. Bei einem Seil waren plötzlich mehrere Knoten auf einmal zu sehen. Darby ging es so wie diesem Seil: je mehr er sich um sich selbst drehte, je mehr er ausprobierte, desto gebundener wurde er. In seinem Austesten des Lebens knotete er sich selbst zu und merkte es nicht einmal. Ich übertrage das mal ungeschützt auf heute. Es ist heute nicht anders. Viele leben total verknotet. Da einen Freund übers Ohr hauen, da jemanden durch Miesmachen vor anderen erledigen, da die Freundin anlügen, hier was mitgehen lassen ... Alles, was uns und andere kaputtmacht - oder Beziehungen kaputtmacht -, verknotet uns. Die Bibel nennt das Schuld.

Frage: Wenn ich nun diese verknotete Schnur hier hinlege, wie lange braucht es, bis das Seil seine Knoten löst? Wie gehen die Knoten nur wieder aus dem Seil heraus?

Antwort: Das ist doch nur möglich, wenn jemand von außen die Knoten öffnet. *(Knoten rausmachen)*

Genauso ist das auch mit Schuld ... Wir können unsere Schuld verstecken, wir können uns anstrengen, sie durch gute Taten auszugleichen - aber wir können sie nicht selbst wegmachen. Es muss »von außen« jemand ran. Wir müssen Gott ranlassen. Er kann allein die Schuld wegnehmen. Wir brauchen nur sagen: »Gott, bitte mach meine Schuld weg. Vergib mir.«

Ich frage mich manchmal, warum das so wenige Leute tun.

Die Geschichte von Darby ist eine richtige Hollywood-Story - weil sie ein Happy End hat. Es wird in dem Buch weiter berichtet, dass Darby einen genialen Vater hatte. Obwohl Darby nicht gerade nett mit seinen Eltern umgegangen war, hatte sein Vater ihn noch so richtig lieb. Diese Chance griff er beim Schopf - er ging nach Hause. Sein Vater wartete schon sehnsüchtig auf ihn. Und als er zurückgekehrt war, fing das Feiern an.

Die Geschichte habe ich in der Bibel gelesen. Jesus hat sie erzählt und hat damit in bildlicher Sprache unser Leben erklärt. Der Vater - so meint das Jesus - ist Gott. Der Sohn ist ein Mensch, der vor Gott davonrennt und so lebt, als gäbe es Gott in seinem Leben nicht.

Immer wenn Jesus in Gleichnisgeschichten redet, überlässt er es den Menschen, sich in der Geschichte wiederzufinden. Ich muss nach dieser Geschichte vom Verlorenen Sohn entscheiden, ob der Sohn ein passendes Bild für mich ist. Wenn das der Fall ist, sollte ich schleunigst zum Vater (zu Gott) zurückkehren. Und du?

Wenn wir bei Gott unser Zuhause haben wollen, können wir mit ihm darüber reden - und das möchte ich jetzt stellvertretend für uns alle tun.

 **13. Gebet**

Staunen ... über Gottes unendliche Liebe.
Bitte ... um Vergebung.

 **14. Lied**

»Bist du groß oder bist du klein ...« oder »Wenn einer sagt ...«
(beide aus: Kilibu)

 15. Tanz

Zu einer fröhlichen Musik haben die Kinder einen Tanz selbst ausgedacht. Dieser Tanz kann auch als Ausdruck der Freude und des Feierns
angekündigt werden.

 16. Abschluss und Segen

Danke an die Akteure.
Danke an die Mitarbeiter.
Infos
Gute Worte von Gott weitergeben (= Segen)

(Armin Jans)

187

Kurzgottesdienste mit kleinen Kindern

Modell I:
Berliner Stadtmission, Kreuzberg

(Andreas Berthold und Team)

1. »Oh, guck mal« - Jesus heilt einen blinden Bettler

Die *Besonderheit* der KleineKinderKirche der Berliner Stadtmission (Kreuzberg) sind kindergroße Standfiguren aus festem Karton. Die Kopiervorlagen werden entsprechend vergrößert und auf Karton gezogen.
Die weiße Jesus-Figur taucht in allen Gottesdiensten auf.

Bibeltext:
Die Heilung des blinden Bartimäus: Markus 10,46-52

Vorbereitung/Materialien:
- Zwei Standfiguren aus Pappe (siehe Seite 190)
- Weiße Augenbinde

Mitarbeiter:
- Moderator
- 2 Sprecher (Jesus und Bartimäus)

---

 1. Begrüßung

Wir feiern diesen Gottesdienst, weil es dich, Gott, gibt und weil du jetzt da bist. Amen.

 **2. Lied**

»Dass Gott sich daran freut« (aus: Wir kleinen Menschenkinder, Menschenkinderverlag Münster)

 3. Jesus begrüßen

Die Jesus-Pappfigur wird von einem Mitarbeiter herumgeführt und begrüßt alle.

Ich bin Jesus. Ich freue mich, dass ihr da seid.
   Es gibt Menschen, die können nichts sehen. Das ist schlimm. Probiert es einmal aus: Haltet die Hand vor die Augen. Nun ist es ganz dunkel.
   Etwas ältere Kinder können ermuntert werden, mit geschlossenen Augen zu gehen.
   Ich möchte den Menschen helfen.

 4. Lied

»Heut ist ein Tag, an dem ich singen/klatschen/rennen kann«
(aus: Kilibu)

 5. Die Geschichte von Jesus und Bartimäus

Die großen und kleinen Gäste sind die Bewohner der Stadt, die zuschauen und dabei sind.

Szene 1

(Eine hockende Bartimäus-Pappfigur mit Augenbinde, die abnehmbar ist.)

Bartimäus: Ich bin Bartimäus und bin krank. Ich kann nichts sehen. Es ist immer ganz dunkel. Haltet euch noch mal die Augen zu - so dunkel ist es immer bei mir.

Die Kinder werden ermuntert, zu Bartimäus zu gehen, ihn zu streicheln und ihm einige schöne Worte zu sagen.

Lied (Fortsetzung)
»Heut ist ein Tag, an dem ich *weinen* kann«

Szene 2

(Jesus auf der einen Seite. Bartimäus auf der anderen Seite. Die Kinder und Eltern bilden eine Menschenmenge, die am Straßenrand steht und auf Jesus zeigt.)

Jesus: Ich erzähle den Menschen von Gott. Deshalb gehe ich viel spazieren.

Bartimäus (verhalten rufend): Jesus? Jesus? Jesus, komm zu mir und hilf mir! Jesus, ich brauche dich!

Lied (Fortsetzung)
»Heut ist ein Tag, an dem ich rufen (schreien) kann«

Szene 3

(Jesus und Bartimäus begegnen sich; die Menschen (Gäste) bilden einen Kreis um die beiden.)

Bartimäus: (laut) »Jeeesus!«
Jesus: Willst du sehen?
Bartimäus: Ich will sehen, Jesus!
Jesus: Weil du mir vertraust, werde ich dir helfen.

Alle werden gebeten, noch näher zu kommen. »Schaut euch an, was passiert.« *Jesus nimmt Bartimäus die Binde ab. Bartimäus kann sehen. Er freut sich und hüpft.*

Bartimäus: Danke, Jesus, du hast mir geholfen. Ich bin ganz froh!

Lied (Fortsetzung)
»Heut ist ein Tag, an dem ich *lachen/sehen/hüpfen* kann«

 6. Gebet

Danke, Jesus, dass du dem Bartimäus geholfen hast.
Toll, dass du helfen kannst.
Bitte hilf mir auch,
wenn ich krank bin und Hilfe brauche.
Dann will ich ganz laut nach dir rufen.
Amen.

 7. Segen

Der gute Gott,
er ist um uns, wenn wir lachen und weinen,
wenn wir hüpfen und toben,
wenn wir gehen und stehen,
Gott ist bei dir. Amen.

 **8. Lied**

»Gott, dein guter Segen« (aus: Kilibu)

2. »Komm mal her« - Jesus und Zachäus werden Freunde

Bibeltext:
Zachäus: Lukas 19,1-10

Vorbereitung/Materialien:
- Pappfiguren Jesus und Zachäus (siehe Seite 194)
- Große Zimmerpflanze oder Pappbaum
- Fladenbrot, Saft

Mitarbeiter:
- Moderator
- 2 Sprecher (Jesus und Zachäus)

 ## 1. Begrüßung

Gott hat uns eingeladen. Er ist jetzt hier, so wie wir hier sind - auch wenn er nicht zu sehen ist.

 ## 2. Gebet

Gott, du bist im Himmel und auf der Erde.
Du bist jetzt hier bei uns.
Es ist schön, dich kennenzulernen
und dich zum Freund zu haben.

 ## 3. Lied

»Kommt alle her, hallihallo« (aus: Mein Liederbuch für heute und morgen, tvd-Verlag, Düsseldorf, 9. Auflage 1994)

4. Jesus begrüßt

*Die große Pappfigur Jesus geht herum und begrüßt alle mit Hand-
schlag und Namen.*

Ich bin Jesus. Ich bin für die Kleinen und für die Großen da. Und
ich möchte, dass wir - du und ich - Freunde werden.

Habt ihr eure Freunde mitgebracht? Eure Spielfreunde, mit denen
ihr zusammen spielt?

5. Geschichte

(Eine Zachäus-Pappfigur erzählt:)

Ich bin Zachäus - und ich bin ganz traurig, weil ich so klein bin. Sehr
klein bin ich.

Macht ihr euch mal klein. *(Alle gehen in die Hocke, machen sich so klein wie möglich.)*

Seht ihr, so klein fühle ich mich. Und außerdem mag mich keiner - ich habe überhaupt keinen richtigen Freund. Immer werde ich weggeschubst und alle sagen zu mir: Weg mit dir!

Kennt ihr das, wenn andere einen wegdrängen und wegschubsen? Und nicht mitspielen lassen? *(Sich vorsichtig gegenseitig wegschubsen.)*

Ihr habt doch bestimmt Freunde, oder? *(Noch einmal die Freunde zeigen lassen.)*

Lied (dazwischen)
Kindermutmachlied: »Wenn einer sagt, ich mag dich, du«), Strophe 1 und 2 (aus: MLDL)

(Zachäus erzählt weiter:)
Eines Tages ist Jesus in unsere Stadt gekommen. Jesus, von dem so viele Leute erzählten, dass er so gut zu den Menschen ist.

Den wollte ich unbedingt sehen. *(Pappfigur Jesus erscheint.)* Schnell bin ich hingelaufen. *(Alle rennen.)*

Aber da waren schon so viele Menschen. Und keiner hat mich zu Jesus durchgelassen. *(Einige bilden eine Mauer und lassen Zachäus nicht hindurch.)*

Was sollte ich da bloß machen? Was kann man nur machen, wenn man viel zu klein ist? Ich bin auf einen Baum geklettert. *(Zachäusfigur versteckt sich in einer großen Zimmerpflanze.)*

Und jetzt war ich viel größer, größer als alle anderen. Und viel mehr sehen konnte ich auch.

Klettert ihr doch einmal an euren Eltern hoch oder lasst euch hochheben. *(Kinder werden von Eltern auf die Schultern gehoben.)*

Lied (Fortsetzung)
Kindermutmachlied: Strophe 2 und 3

(Zachäus erzählt weiter:)
Nun konnte ich auch Jesus sehen. Aber auf einmal blieb Jesus vor meinem Baum stehen und schaute zu mir nach oben. Ich versteckte mich

hinter den Blättern. Und Jesus sagte: »Hallo, Zachäus, komm schnell von deinem Baum herunter.« *(Alle Kinder klettern, rutschen von ihren Eltern herunter.)*

Und als ich vor Jesus stand, sagte er: »Zachäus, ich möchte dein Freund sein. Du sollst nicht allein sein und immer weggeschubst werden. Ich möchte, dass es dir gut geht; ich möchte dein Freund sein.«

Lass uns zusammen etwas essen und trinken - das ist das Zeichen für unsere Freundschaft. *(Alle Kinder und Eltern essen und trinken eine Kleinigkeit, zum Beispiel Fladenbrote, die aufgeteilt werden, und Saft.)*

(Zachäus:)
Ich freue mich so sehr, dass ich jetzt Jesus zum Freund habe. Auf Jesus höre ich. Er sagt mir auch manchmal, wenn ich etwas tue, was nicht gut ist.

Jesus will auch euer Freund sein.

Lied (Fortsetzung)
Kindermutmachlied, Strophe 3 und 4

 ## 6. Wort an die Eltern

Es *ist* so: Gott möchte unser Freund sein. Ihm ist die Gemeinschaft mit uns sehr wichtig. Wir sitzen nicht auf Bäumen und verstecken uns hinter den Blättern. Vielleicht haben Sie sich nicht versteckt vor Gott, aber Sie halten sich doch recht bedeckt ihm gegenüber?

Und Gott sucht uns. Warum? Weil er uns geschaffen hat. Weil er weiß, dass wir ihn brauchen. Er ist eine so gute Adresse für alles, was uns eine Last ist. Und er ist eine gute Adresse, um ihm zu sagen, was es Gutes gibt in unserem Leben. Unsere Kinder zum Beispiel.

Und er bleibt die gute Adresse nach dem Tod. Gott ist ein starker Freund an unserer Seite.

 ## 7. Gebet

Gott, wir dürfen dich Freund nennen und Vater.
So nah dürfen wir bei dir sein.
Tut uns das gut! Danke!
Amen.

8. Segen

Alle werden eingeladen, zum Segen noch einmal ganz eng zusammen-zurücken.

 ## 9. Lied

»Gott, dein guter Segen« (aus: Kilibu)

3. »Hab keine Angst« - Jesus stillt den Sturm

Bibeltext:
Jesus stillt den Sturm: Matthäus 8, 23-27

Vorbereitung/Materialien:
- Fallschirmseide (Alternative: vier aneinandergenähte einge-
  färbte Betttücher. Sie sind vielfältig einsetzbar)
- Pappfigur Jesus (siehe Seite 194)

Mitarbeiter:
- Moderator
- Erzähler

 ## 1. Begrüßung

Wir feiern jetzt einen Gottesdienst.
Wie gut, dass ihr da seid.
Wie gut, dass Gott da ist.
Wir können Gott nicht sehen - und trotzdem ist er da.

 ## 2. Lied

»Kommt alle her, hallihallo« (aus: Kilibu)

 ## 3. Jesus begrüßt

Alle großen und kleinen Leute sitzen.

In der Mitte ist der Fallschirm ausgelegt. Die Pappfigur Jesus geht herum und begrüßt alle mit Handschlag.

Ich bin Jesus. Ich möchte euch erzählen, dass Gott, unser Vater, immer bei uns ist. Bei Tag und bei Nacht. Wenn wir spielen und wenn wir schlafen.

 4. Geschichte:

Jesus und die Jünger (seine Freunde) steigen in ein Schiff.

(Alle stehen noch einmal auf und »besteigen« das Schiff. Sie setzen sich in Schiffsform, und die Kinder werden von den Erwachsenen auf den Schoß genommen.)

Das Schiff fährt über den großen See.

(Die Kinder werden in sanften schaukelnden Bewegungen hin- und hergewiegt.)

Lied (dazwischen)

Wir schaukeln auf dem Wasser ... (schaukeln)
wir schauen übers Wasser ... (schauen)
wir winken zu den Fischen ... (winken) (Lied heißt im Original »Ich schaukel ...«; aus: 1,2,3 im Sauseschritt, Menschenkinderverlag, Münster)

Jesus ist sehr müde. Er legt sich auf den Boden des Schiffes und schläft ein. *(Die Jesusfigur wird hingelegt.)*

Auf einmal kommt ein mächtiger Wind auf. *(Kräftig pusten. Kinder pusten mit.)*

Gerade war das Wasser noch ganz ruhig. Nun werden die Wellen höher und höher. *(Der Fallschirm wird mit immer stärkeren Bewegungen hin- und herbewegt.)*

Das Schiff wird von den Wellen geschüttelt und gerüttelt.

(Die Kinder werden heftiger auf dem Schoß »durchgeschüttelt«.)

Nun schlagen die Wellen ins Schiff.

Pitschnass sind die Jünger jetzt.

Brr - ist das nass. *(Kinder schütteln sich.)*

Brr - ist das kalt. *(Kinder wärmen sich mit den Armen.)*

Und Jesus schläft immer noch.

Die Wellen werden immer größer.

Und die Angst der Jünger wird immer größer.

Sie laufen zu Jesus. Sie schütteln ihn und wecken ihn auf. »Hilf uns! Jesus, hilf uns! Wir ertrinken!« Ganz laut rufen die Jünger.

Jesus steht auf. *(Pappfigur wird hingestellt.)* Jesus schaut auf die Wellen und ruft: »Still!«

Nun ist es ganz still. Ganz still. *(Der Fallschirm ist unbewegt. Auch die Kinder werden ruhig.)*

Jesus fragt: »Warum habt ihr Angst? Ich bin doch bei euch. Auf mich hören auch die Wellen und der Wind. Ihr braucht keine Angst zu haben.«

Da haben die Jünger gestaunt. So groß ist Jesus!

 ## 5. Lied

»Hab keine Angst ...« (aus: Wir kleinen Menschenkinder, Menschenkinderverlag Münster)

 ## 6. Wort an die Erwachsenen

»Da haben die Jünger gestaunt. So groß ist Jesus.« Das haben wir doch auch schon erlebt: die Wellen schlagen hoch. Und wir stehen da wie begossene Pudel, und von innen wird's uns mächtig kalt.

Jesus hat seine Jünger erleben lassen, dass Gott immer auch noch ganz andere, viel größere Möglichkeiten hat als wir Menschen. Denn er ist der Herr über Leben und Tod.

Was wäre das für eine Perspektive für unser Leben, wenn wir einen Gott an der Seite hätten, der mächtiger ist als alle Bedrohungen des Lebens!

 **7. Gebet**

Guter Gott,
auch wenn wir es nicht spüren,
auch wenn wir es nicht sehen,
du bist bestimmt bei uns.
Ganz fest hast du es uns versprochen.
Danke.
Amen.

8. Segen

*Alle werden eingeladen, zum Segen noch einmal ganz eng zusammen-
zurücken.*

 **9. Lied**

»Gott, dein guter Segen«, (aus: Kilibu)

Modell II:
Evangelische Landeskirche Bonn-Beuel-Ost

4. »Der nimmt mir alles weg« - Zachäus

(Bettina Gummel)

Bibeltext:
Zachäus: Lukas 19,1-10

Vorbereitung/Materialien:
- Kerzen auf Ständer
- Spielsachen
- Besenstiel
- Haushaltsleiter

Mitarbeiter:
- Moderator
- Zachäus
- 2 Kinder

---

 1. Lied

»Wir setzen uns, wir setzen uns und wir werden leise« (Kanon, Text: Bettina Gummel, Melodie: Kehret um, kehret um, und ihr werdet leben, aus: LL)

2. Namensrunde

Alle Kinder werden persönlich mit Namen begrüßt. Neue Kinder werden besonders vorgestellt.

 ## 3. Wir zünden die Kerzen an

In unserem Gottesdienst denken wir an Gott und glauben, dass Gott auch an uns denkt. Zum Zeichen dafür zünden wir die Kerzen an.
(Die Kerzen werden von Kindern angezündet.)

4. Eventuell Talar anziehen

Der Talar ist so groß, ja so groß, dass noch Kinder mit darunter passen. Er ist so groß als Zeichen dafür, dass Gott uns schützen will. Wer will das einmal ausprobieren?
(Kinder krabbeln unter den Talar und helfen beim Zuknöpfen.)

 ## 5. Lied

»Ja, Gott hat alle Kinder lieb« (aus: Das Liederbuch zum Umhängen. 100 der schönsten religiösen Kinderlieder, Menschenkinderverlag Münster)

 ## 6. Eingangsgebet

Als Abschluss des Gebetes sprechen immer alle gemeinsam:

Wo ich gehe, wo ich stehe,
bist du, lieber Gott, bei mir.
Wenn ich dich auch gar nicht sehe,
weiß ich doch, du bist bei mir.
Amen.

7. Lied

»Alles muss klein beginnen« (aus: Fontäne in blau; oder ein anderes
Lied, das zum jeweiligen Thema passt)

8. Hauptteil: Geschichte, Spielszene, Aktion

Heute erzähle ich euch die Geschichte von einem Jungen, der heißt
Zachäus.

*(Zachäus stellt sich mit einer Besenstiel-Barriere auf. Hinter ihm
liegt Spielzeug. Zachäus wird von einem Erwachsenen gespielt. Erzählung wird teilweise pantomimisch von Zachäus dargestellt.)*

Zachäus - der will immer alles bestimmen
und will alles für sich haben.
Hier seht ihr's: ganz viel Spielzeug besitzt Zachäus.
Wie Zachäus an so viel Spielzeug gekommen ist?
Das werdet ihr jetzt sehen.
Wenn nämlich jemand bei Zachäus durch die Schranke will
(ein Kind mit einem Spielzeug in der Hand versucht es),
dann sagt Zachäus: Stopp *(hält Kind auf)*, bleib stehen!
Hier kannst du nicht durch.

Kind: Ich will aber durch.
Zachäus: Dann musst du mir etwas abgeben - gib mir dein Spielzeug
her.

So geht das mit dem Zachäus. Und so macht er es nicht nur mit einem Kind, sondern mit allen.

(Ein weiteres Kind versucht durch Zachäus' Schranke zu gehen. Auch andere Kinder werden aufgefordert, es zu versuchen. Sie bekommen von der Mitarbeitern dafür ein Spielzeug.)

Zachäus freut sich. Er hat so viel Spielzeug. Und er kann so viel bestimmen.

Aber dann wird er traurig. Er ist ganz allein. Keiner will mit ihm spielen. Alle Kinder sagen: Zachäus ist gemein. Zachäus ist doof.

Ganz laut rufen alle Kinder: Zachäus ist doof.

Zachäus ist sehr traurig.

Eines Tages kommt Jesus vorbei. Er sieht Zachäus. Und er sieht die vielen Kinder.

Jesus findet es nicht gut, dass alle Kinder zu Zachäus sagen: Du bist doof!

Aber er findet auch nicht gut, dass Zachäus alles für sich haben will und alles bestimmen will.

Alle Kinder wollen nah bei Jesus sein. *(Kinder umdrängen Jesus.)*

Zachäus will auch bei Jesus sein. Aber die Kinder lassen ihn nicht durch. *(Die Kinder haben Zachäus' Schranke genommen und versperren ihm den Weg.)*

Zachäus klettert auf einen Baum, um Jesus zu sehen. *(Zachäus klettert auf eine Haushaltsleiter.)*

Jesus geht zu Zachäus hin. Die Kinder sagen: Warum macht Jesus das? Der ist doch so gemein, der Zachäus.

Aber Zachäus freut sich. Er klettert von seinem Baum herunter.

Er umarmt Jesus.

Jesus sagt zu Zachäus: Ich mag dich. Ich will dein Freund sein. Willst du auch mein Freund sein?

Zachäus sagt: Ich will nicht mehr das viele Spielzeug. Ich will es nicht mehr. Ich will es wieder zurückgeben. Ich möchte lieber Freunde haben.

Zachäus ruft die Kinder: Kommt her, ich gebe euch euer Spielzeug wieder zurück.

(Die Kinder kommen und bekommen ihr Spielzeug zurück.)

 **9. Lied**

»Wir feiern heut ein Fest« (aus: Kilibu; oder anderes Lied, das zum Thema passt)

 **10. Fürbittengebet und Vaterunser**

 **11. Segenslied**

»Segne, Vater, tausend Sterne« (aus: Das Liederbuch zum Umhängen, Folge 1: 100 der schönsten religiösen Kinderlieder, Menschenkinderverlag, Münster 1989)

Modell III:
Evangelische Landeskirche Solingen

5. »Wie heißt denn du?"

(Christiane Kurz und Team)

Bibeltext:
»Fürchte dich nicht« (Jesaja 43,1)

Vorbereitung/Materialien:
- Handpuppe Konrad
- Ball
- Decke
- Kerze für jedes Kind

Mitarbeiter:
- Moderator
- Konrad

---

 1. Lied

»Es läuten alle Glocken« (aus: Pfälzer Kindermesse, Lahn-Verlag, Limburg - Heft)

 2. Begrüßung

Gott lädt uns ein, mit ihm diesen Gottesdienst zu feiern.

Deshalb wollen wir zusammen singen, beten und Gott besser kennenlernen.

 **3. Lied**

»Heut ist ein Tag, an dem ich singen kann«, Strophe 1 und 2
(aus: Kilibu)

 **4. Kerze anzünden und Gebet/Spruch**

Gott sagt zu uns:
Fürchte dich nicht, ich befreie dich!
Ich habe dich bei deinem Namen gerufen,
du gehörst zu mir. (Jesaja 43,1)

 **5. Lied**

»Heut ist ein Tag«, Strophe 3 und 4

 **6. Thema**

(Die Handpuppe Konrad erscheint.)

Konrad: Hallo, hallo. Hey, ist das toll. 1, 2, 3, 4, 5
(Konrad zählt Kinder ab.) -
Oh, schade, weiter kann ich nicht zählen.
Also du noch und du, und du - alle seid ihr heute gekommen.
Du kennst mich nicht, stimmt's? *(Konrad zeigt auf neues Kind oder Erwachsenen.)*
Ich bin der Konauto, äh? Nein, ich bin natürlich der Konroller. Oh, Schreck, ich hab meinen Namen vergessen!

Kondreirad auch nicht.
Hilfe, Kinder, wie heiße ich denn?

(Kinder rufen spätestens jetzt: »Du bist Konrad!«)

Konrad: Danke, Kinder, das passiert mir bestimmt nicht noch mal.
Habt *ihr* alle einen Namen?

Um die Bedeutung des eigenen Namens zu unterstreichen, werden zwei Namensspiele gespielt:

Ballrollen:
Ein Kind rollt einem anderen Kind einen Ball zu und fragt: »Wie heißt du?« Alle Kinder (und eventuell Erwachsenen) stellen sich so nacheinander vor. Die kleineren Kinder werden von etwas älteren oder Erwachsenen vorgestellt.

Wer-hat-sich-da-versteckt?
Ein Kind dreht sich um, ein anderes Kind wird unter einer Decke versteckt. Das erste Kind muss raten, wer fehlt.

Hinweis:
Gott kennt uns alle.
Er weiß, wie wir heißen.
Er weiß, wo wir wohnen.
Er kennt unsere Mama und unseren Papa.
Denn er hat uns gemacht.
Und er sagt:
Du, mein *(Namen der Kinder einsetzen)*
ich hab' dich lieb.«

 **7. Lied**

»Gottes Liebe ist so wunderbar« (aus: Kilibu)

8. Kerze für jedes Kind

(Jedes Kind bekommt eine Kerze als Geschenk für zu Hause.)

Jeder von euch bekommt eine Kerze.
Ihr könnt sie zu Hause mit Mama und Papa anzünden.
Sie soll dich daran erinnern, dass Gott deinen Namen kennt.
Er weiß, wer du bist. Er hat dich lieb.

 9. Gebet

Guter Gott,
vielen Dank für diesen Tag.
Ich möchte gern Gutes erleben.
Danke, dass du mich kennst.
Du bist bei mir.
Am Morgen, wenn ich aufstehe,
den ganzen Tag und die ganze Nacht.
Ist das gut!
Amen.

 10. Segen

Der Herr sei vor dir, um dir den rechten Weg zu weisen. *(Kinder halten ihre Hände ausgestreckt vor sich.)*

Der Herr sei neben dir, um dich in die Arme zu schließen und zu schützen. *(Kinder halten die Hände neben sich.)*

Der Herr sei unter dir, um dich aufzufangen, wenn du fällst. *(Kinder halten die Hände unter sich.)*

Der Herr sei in dir, um dich zu trösten, wenn du traurig bist. *(Kinder kreuzen die Arme vor der Brust.)*

Der Herr sei um dich herum, um dich zu verteidigen, wenn andere über dich herfallen. *(Kinder drehen sich im Kreis.)*

Der Herr sei über dir, um dich zu segnen. *(Kinder halten Hände über dem Kopf.)*

So segne uns alle der gütige Gott,
der Vater, der Sohn und der Heilige Geist.
Amen. *(Alle fassen sich an den Händen.)*

Übersicht über die am meisten verwendeten Liederbücher

Kilibu: Unser Kinderliederbuch, Oncken Verlag, Wuppertal und Kassel, 6., erweiterte Auflage 1997

DbH: Du bist Herr for Kids, Projektion J Verlag, Wiesbaden 1996

FJ: Feiert Jesus! Das Jugendliederbuch, Hänssler-Verlag, Neuhausen-Stuttgart, 3. Auflage 1997

MLDL: Meine Lieder, deine Lieder, Born-Verlag/Hänssler-Verlag/Verlag d. Liebenzeller Mission, 2. Auflage 1996

LL: Lebenslieder, Mundorgel Verlag Köln/Waldbröl und Schriftenniederlage des Evang. Jugendwerks in Württemberg, Stuttgart 1991

EG: Evangelisches Gesangbuch (1996)

Fontäne in blau, Schriftenniederlage des Evang. Jugendwerks in Württemberg, Stuttgart, 2. Auflage 1994

Christine Dusza, Mit Herzen und Händen, Aussaat Verlag, Neukirchen-Vluyn 1992

Christine Klaes

Der kleine Goliat

Wie kann man Kinder für biblische Geschichten begeistern?
Indem man sie die Geschichten selbst „erleben" lässt. Acht Beispiele zeigen, wie das geht: Von Abraham bis zum blinden Bartimäus werden sie mit hineingenommen in das Geschehen der
Bibel. Im Bibliodrama können sie Situationen der Bibel miterle-
ben und eigene Erfahrungen mit Gottes Wort machen.

144 Seiten, ABCteam Paperback
Bestell-Nr. 111 099

Christiane Dusza

So bunt ist Stille

Höher, schneller, weiter ...
In einer Zeit, in der Kinder lernen, dass nur der große Kick
zählt, führt Christiane Dusza in die Stille und durch Fantasie-
Reisen in ein Land, das mehr bietet als jeder Film.
Auf der Grundlage von Bibeltexten zeigt ihr Buch praxiserprob-
te Wege, den Glauben mit dem Körper, dem Kopf, dem Herzen
und mit Fantasie zu erleben.

96 Seiten, ABCteam Paperback
Bestell-Nr. 111 084

R. BROCKHAUS VERLAG WUPPERTAL

Manfred Beutel / Carmen Heinze

Gottesdienst
kreativ
gestalten

„Ich würde so gern andere Menschen mit in unsere
Gemeinde bringen. Aber die Sprache der Predigt
verstehen sie nicht, die Musik ist altbacken und die
Moderation peinlich."

Kirchendistanzierte Menschen zu erreichen und anzusprechen
ist ein Problem. Mit der Gemeinde die eingefahrenen Geleise zu
verlassen, damit auch Kirchendistanzierte sich wohlfühlen,
stellt sich nicht selten als noch schwieriger heraus.

Carmen Heinze und Manfred Beutel stellen in ihrem Arbeits-
buch dar, wie ein sinnvoller Umbau des Gottesdienstes stattfin-
den kann, ohne die Gemeinde zu vergraulen und die geistliche
Mitte zu verlassen. Praktische Anleitungen und eine Fülle von
Tips erleichtern die Umsetzung.

Ausformulierte Theaterstücke, vorbereitete Predigtkonzepte
und thematische Ausarbeitungen erleichtern den Einstieg in einen Gottesdienst für Kirchendistanzierte, der auch der Gemeinde gefällt und wohl tut.

144 Seiten, Paperback
Bestell-Nr. 627 223

ONCKEN VERLAG WUPPERTAL UND KASSEL